正統派 ネットワークビジネス本部の築き方

—ディストリビューターが本当に成功するための具体戦略—

土井かおる 著
Kaoru Doi

エベレスト出版

まえがき

本書は、新たに、ネットワークビジネス本部立ち上げを、考えていらっしゃる経営者の方々に向けた本です。しかし同時に、ディストリビューターの方々にも、読んでいただきたい本だと考えております。

なぜなら、ディストリビューターの成功こそ、本部の成功につながるからです。

ネットワークビジネスにおける、ディストリビューターの存在は、第一線で営業を行う「営業部」であり、商品を宣伝してくれる「宣伝部」でもあり、加えて、教育と新たな人材を獲得する「人事部」でもあります。

そして最大の特徴は、彼ら自身が商品の愛用者、つまり、「熱烈な消費者の代表」ということです。本部にとってディストリビューターは、一社員、一営業マンを超えた、運命共同体であり、彼らのモチベーションをアップさせ、彼らに信頼されることこそが、本部の成功であると断言できます。

ネットワークビジネスは、誕生から約60年間、闇の時代が続いています。いつの時代も詐欺の手段に使われ、誤解されたまま、今日に至っています。しかし、今、時代がこのビジネスを求め、他業種が、このビジネスの形態を採り入れています。

何より、経済の停滞、高齢者の増加と働き口の不足、若者の将来不安、従来型の働き方の行き詰まりといった、今、日本が抱える問題を、全て解決する力を持っていると言っても過言ではありません。

例えば、消費が冷え込んでいる中、毎年、何百人もの団体旅行を開催し、何千人規模のホテル貸し切りパーティーや、テーマパーク貸し切りなどを行っているのが、この業界です。また、成績優秀者に車など、高級品をプレゼントするという事実も見逃せません。

お金は、使ってこそ経済が活性化するもの。いつの時代も、それを率先しているのが、この業界なのです。

ではなぜ、未だに闇の時代が続いているのか…。

障害となっているのは、「イメージの悪さ」という一点のみ。これを突破し正しい情報が伝われば、多くの方々が、ビジネスの可能性とメリットを、実感していただけるはずです。

経営者の方々には、「戦略的クチコミの絶大な販促効果」「永続的な収入が得られる権利収入」「人が人を活かす鋼の組織力」「人材活用」「低リスク」といった、ビジネスとしてのメリットを、知っていただける本となっています。

ディストリビューターの方々には、改めて、この仕事が、社会的にも意義深く、価値の高いものであることを、実感していただけるでしょう。そして将来、ご自分が主宰企業を立ち上げるための、重要なヒントが散りばめられていると思います。

私は、この業界に長く関わってきた人間として、業界の悪いイメージを払拭し、業界に関わる全ての方々が夢と希望を持てるよう、願いを込めて、この本を書きました。

この本が出版されることで、業界のイメージが少しでも変わることを、期待しております。

２０１９年８月吉日

日本ネットワークビジネス推進機構 株式会社

代表取締役社長　土井かおる

もくじ

第2章　年商10億、100億は通過点。本部立ち上げの10大メリット

第4章 優良本部を作るために、絶対にやってはならない7つのタブー

第5章 ネットワークビジネス本部の立ち上げの実務と手順

第6章　個の時代が、ネットワークビジネスを本格成長させる！

第 1 章

今さら聞けない、ネットワークビジネス、基本の基本

1、誤解だらけのネットワークビジネス

無縁だった企業にこそオススメしたいビジネス

本書は、ネットワークビジネスを活用して、自社の商品やサービスを優位に売ることをお考えの方、に向けて書いた本です。また、資金力のある個人事業主の方にとっても、新たなビジネスを始めるための、試金石となるでしょう。

もちろん、すでに、ネットワークビジネスをされている方にとっても、将来、自らが主宰企業を立ち上げるための、重要なヒントが散りばめられていると思います。

特に訴えたいのは、従来ネットワークビジネスとは無縁だった企業にこそ、この販売形態を活用していただきたい、ということです。上場企業や老舗のメーカーにとっても、新たな顧客を獲得するための、魅力的な手法だからです。

「今の販売形態だけでは限界がある。新たな顧客を獲得するには、従来とは違った販売形態が必要だ」

「年間を通じて売上が安定しないし、年ごとに変動もある。売上を安定させる良い方法は無いだろうか」

「トレンドやブームに振り回されない、地に足の着いたビジネスを手がけたいが、これといったビジネスにめぐり合えない」

このような悩みを持たれる企業にこそ、ネットワークビジネスは最適です。

いきなりこのような話をされても、

「興味はあるが、うちの業種には向いていないだろう」

「今の販売形態を変えるのはリスクがある。新たに加えるにしても、諸刃の剣とならないか」

「そもそも、ネットワークビジネスは怪しすぎる。手を出せるはずがない」

と、考える方も多いでしょう。そのお気持ち、よくわかります。

そこで、こうした疑問に答えるため、ネットワークビジネスには、なぜ悪いイメージがつきまとうのかを説明すると共に、販売形態として見た、ネットワークビジネスの魅力と可能性についても、お話ししたいと思います。

その前に、私のプロフィールを紹介させていただきます。経歴を知っていただいた上で、この先の話しにおつきあいください。

私は、19歳の時に化粧品のネットワークビジネスを始め、3年間で5000人、6年間で1万7000人の顧客を構築。27歳で、オリジナルのダイエットサプリ、化粧品などを販売する会社を設立しました。その後、営業専門のコンサルタントとして活動を始め、現在、飲食業、美容関係など、39社のコンサルタントを手がけています。

2011年、某ネットワークビジネス企業の教育トレーナーとして、ディストリビューター向けの新規会員作りのトレーニングを、年間100回開催し、スポンサリング率（新規会員を獲得すること）を、200％に伸ばしました。

2015年4月には、ネットワークビジネスの、立ち上げ専門コンサルティング機関、日本ネットワークビジネス推進機構㈱、を設立。この会社は、ネットワークビジネスへの新規参入、および新規設立を支援しており、立ち上げ後のトレーニングも行っています

一方で、正しいネットワークビジネスを日本に定着させるための、普及活動も行っています。なお、現在までに製薬会社など、16社の新規参入、新規設立に関わってきました。

ネズミ講との決定的な違い

少々、前置きが長くなりましたが、まずは、なぜネットワークビジネスには、悪いイメージがつきまとうのか、お話ししたいと思います。

皆さんは、ネットワークビジネスについて、どのような印象をお持ちでしょうか？

「一部の幹部だけが儲かるシステムになっている」

「ネズミ講と一緒で、詐欺まがいの商法では無いのか」

このような考えをお持ちの方、けっこういらっしゃいます。正確な情報が伝わりにくい今、誤解されるのは無理ないことだと思います。

そこで、ネットワークビジネスとは何であるかを、簡単に説明します。内容を知っていただくと、なぜ誤解されるのか、理由がわかると思います。

ネットワークビジネスは、主宰企業に属する、「ディストリビューター」と呼ばれるビジネスメンバーが、クチコミで商品やサービスをすすめるもの。実際には化粧品、健康商品などの消耗品が、商材となるケースが多いです。宣伝してくれたお礼として、企業が本来得られる利益を、ディストリビューターに還元します。

一般的に商品を販売する場合、店舗をかまえたり、テレビCMを打って宣伝するなど、多くの費用がかかります。ネットワークビジネスは無店舗販売で、宣伝もクチコミのみ。つまり、費用をかけないため、その分、ディストリビューターに還元できるのです。

システムにも大きな特徴があります。例えば、Aさんというディストリビューターは、知人であるBさんに、商品を販売すると同時に、ディストリビューターになることもすすめます。

Bさんがディストリビューターになった場合、Aさんのグループに属することになります。そして、Bさんが商品を販売した場合、Aさんにもボーナスポイントが入ります。

さらに、Bさんが、CさんとDさんをディストリビューターに勧誘した場合も、グループのトップであるAさんの傘下となり、Cさん、Dさんが商品を販売したら、Aさんにもボーナスポイントが入ります。

Aさんを親と考えた場合、Bさんが子供、CさんDさんは孫、と考えていただいたら、わかりやすいでしょう。親は子供を増やし、その子供が孫を作っていく。親は子供や孫が販売した場合、ボーナスポイントが入るわけです。

親は、自分のグループにディストリビューターが増えれば増えるほど、収入がアップする仕組みです。仕組みには何種類かありますが、この形がオーソドックスと言えます。

　このように、商品を知人にすすめると共に、新たなディストリビューターを勧誘していくことも、仕事のうちです。人のネットワークを築いていくため、ネットワークビジネスと呼ばれているのです。

　定められた期間内にボーナスポイントを獲得すると、タイトル（独自の格付けのようなもの）がアップし、自社製品の割引購入、車の支給、海外旅行への招待など、特典が得られるメリットもあります。ちなみにボーナスポイントは、そのまま収入につながる数字と考えて良いでしょう。

　ここまで読んでいただいて、

「なんだ、やっぱりネズミ講じゃないか」

と思う方も、いらっしゃるのでしょう。

　実はこのシステムが、誤解されやすい大きな要因と言えるのです。無店舗販売で、ネットワークを広げると言う意味では、似ているからです。それでは、ネズミ講とネットワークビジネスの違いを説明しましょう。

大きな違いは、商品が存在するかどうか。ネズミ講は、投資目的にいたずらに会員を増やし、利益を稼ぐことだけを目的としているため、商品が存在しません。

ちなみに、よく、「ネズミ講まがい」という言葉を耳にすると思いますが、これは悪徳なネットワークビジネスを総称して、言われる言葉です。この場合、商品はありますが、商品価値が低かったり、法外な価格設定であるケースが多いのです。

つまり、お金だけ流通するのがネズミ講で、商品がある場合、全てネットワークビジネスになります。ここらへんの違いを知っていただいた上で、ネズミ講の話に戻りたいと思います。

愛用者が存在するかどうかも、ネズミ講とネットワークビジネスの、違いを見極めるポイントとなります。ネットワークビジネスは、商品を使用した方がそれを気に入り、「良い物をより多くの人に伝えたい」という気持ちで、始めるビジネスなのです。これが、このビジネスの最大の特徴です。

自分が使って、あるいは食べて（飲んで）、化粧品なら「肌がツヤツヤになった」、健康食品なら「体調がよくなった」などの体験があるからこそ、その体験を人に伝え、クチコミで広がっていくのです。

ビジネスとしての話は別の章でしますので、ネズミ講との比較に戻りますが、愛用者が愛用者を呼び、商品の良さが伝わっていくネットワークビジネスに対し、ネズミ講の場合は金儲けや投資が目的であるため、愛用者など存在しないのです。

そして、重視したいのは、合法か違法かという問題です。

ネットワークビジネスは、特定商取引法第33条に定義される、「連鎖販売取引」にあたる合法的な販売形態です。

一方のネズミ講は、「無限連鎖講の防止に関する法律」によって、運営・参加が禁じられています。つまり、違法ということです。また、投資目的である場合、出資法に違反する可能性も出てくるのです。

ただ、実際のところ商品に価値があるかどうか、合法か違法かは、一般の方にはなかなか区別がつきにくいものです。事件になって初めて、「ああ、やっぱりネズミ講だったのか」と、わかるケースがほとんどです。だからこそ、しっかりと見極める『知識と目』が必要なのです。

いつの時代も姿を現す『ネズミ』

最近では、「デジタルネズミ講」と呼ばれる、仮装通貨を使った犯罪も出てきています。「絶対に儲かる」「今がチャンス」「元本保証」「年利○％は確実」などの誘い文句に乗って、大金をだまし取られてしまう。このあたりは、従来のネズミ講にそっくりです。

インターネットを活用し、暗号技術を応用するなど、デジタルな手法であることから、今風のビジネスとして、飛びつきやすい側面もありますが、商品の実態が無いと言う点で、「無限連鎖講の防止に関する法律」や、「出資法」に抵触する恐れがあります。違反と認定された場合には、当然、罰則があります。

このように商品の実態が無い、あるいはわかりにくい場合や、明らかに投資目的であるビジネスは、違法と疑ったほうが良いでしょう。いずれにせよ時代が変わっても、さまざまな形で『ネズミ』が姿を現すことは間違いありません。

ちなみに、先ほど合法と言った連鎖販売取引は、英語では「ＭＬＭ（マルチ・レベル・マーケティング）」と、呼ばれています。実際にネットワークビジネスを手がけている企業は、ＭＬＭ企業と言われることが多いです。この「マルチ」という言葉が曲者です。もちろん、すでに説明した通り法的には何の問題もありませんが、日本では「マルチ」イコール「悪徳商法」と、勝手にイメージづけられている風潮があるからです。

ネズミ講の社会的な事件が悪影響を及ぼす

ネットワークビジネスの、歴史にも触れておきましょう。

実は過去にネズミ講が社会的な事件を起こした時期があり、ネットワークビジネスにも悪影響を及ぼしたからです。ネットワークビジネス発祥の地はアメリカ。アメリカでは、多くの企業がこのシステムを用いていて、大学ではマーケティングの一つとして、ネットワークビジネスを学んでいます。

日本では、１９６０年代に日本タッパーウェア（現タッパーウェアブランズ・ジャパン）、三基商事などが設立されて、ネットワークビジネスが幕を開けました。日本シャクリー、日本アムウェイといった企業が続々と開業しましたが、ビジネスとして本格的に動き出したのは70年代に入ってからと言えるでしょう。

ところがこの70年代に、「天下一家の会」という、日本最大規模のネズミ講事件が起きました。被害額は、１９００億円とも言われています。その後も80年代や、２０００年代にも、被害額が数十億円から１００億円のネズミ講事件が起きました。

先ほど、一般の方にはなかなか区別がつかない、とお話ししましたが、こうした方々が、ネズミ講事件を記憶しており、「ネットワーク販売もネズミ講と同じだ」と、考えてしまうのです。

また、「デジタルネズミ講」のように、ネズミ講がらみの事件はいつの時代も起きています。このため、忘れかけていた人々の記憶を、その都度呼び起こしてしまうのです。現在は、ネズミ講とネットワークビジネスの違いを、認識されていない方があまりにも多く、誤解されたままの状態が、長く続いているのです。

ここで質問です。ネットワークビジネスが違法であるなら、なぜ、事件になり、業界そのものがなくならないのでしょうか?もちろん、一部の会社がやり方を間違えて摘発されるケースはありますが、大手企業は草創期から続いており、業界自体も発展を遂げています。歴史は日本だけでも60年近く、その間、「訪問販売法」、「無限連鎖講防止に関する法」、「特定商取引法」など、関連する法律も次々に施行されてきました。これらは、誤ったビジネスを取り締まるために非常に有効であり、その中で存続し、成長を続けている業界は、正当なビジネスと言えるのです。

このことは、すでに多くの企業が気づいていますが、なかなか参入まで至らないのが現実と言えます。イメージの悪さもさることながら、導入のメリットが、正しく伝わっていないことも障壁となっています。

2、合法であるネットワークビジネスにも問題のある会社が多い

失敗した経験者が逆クチコミで悪評を広める

ここまで、ネズミ講に関して話をしましたが、ここから、合法とされているネットワークビジネスにも、ビジネスとして関わると、非常に苦労する会社が多い、という現状をお話ししたいと思います。こうした現状も、業界の悪いイメージにつながっているからです。

ネットワークビジネスに参加したが、利益も得られず途中で辞めた方が、

「儲かると言われて始めたのに、儲からなかった」

「ノルマは無いと言われたが、実際には一定の売上をキープしなければダメな、いわゆる『裏ノルマ』があった」

など、入会して初めて知ることが、たくさんあるのです。

そして、失敗した経験のみを抱えて離れ、「実際にやってみたが、あれは最悪のビジネスだ」と、友人知人に話すのです。悪い噂は広まるもの。しかも、経験者の言葉はなかなか説得力があります。これが、逆クチコミとなり、世間のイメージはますます悪くなります。

しかも、彼らに勧誘された人たちが、すでに、ディストリビューターを辞めた人に会った時、「やっぱり、インチキだったろう」と、まるで、確認するように話しかけてきます。このようなケース、けっこう多いと思います。このように、正しいやり方をしない会社が多いことも、この業界が毛嫌いされる理由と言えるのです。

実は、ディストリビューターにはなったが、ビジネスを初期段階で辞めてしまうケースは非常に多く、8割から9割の方が、この段階で辞められるという説もあります。

報酬プランに問題があったり、商品に特徴が無いなど、理由はさまざまですが、共通するのは、会社自体に本当のビジョンも無く、ディストリビューターを第一に考えない、ビジネスをスタートするための基本マニュアルもない、ということです。中には、「うまくいかなければやめればいい」といった、いい加減な姿勢で参入する会社まであります。

残念ながら、現在、こうした会社は数多く存在しています。正しいやり方をしているところは、むしろ少ないと言えるかもしれません。

日本には現在、1000社から2000社の、ネットワークビジネス会社があります。「1000から2000って、ずいぶんと開きがあるな」と思った方、ごもっともです。

立ち上げやすいビジネスであるため、次々と参入しますが、誤った手法で立ち行かなくなり、消えていく会社も多いのです。この繰り返しで、入れ替わりも激しいため、

1000～2000といった表現も、あながち間違いではない、と言えるのです。

言い方を変えれば、立ち上げるのは簡単ですが、続けていくのは大変。まして、利益を出しながら存続させていくのは、困難なビジネスと言えるのです

誤解のないように申し上げますが、正しいやり方さえすれば必ず利益は上がり、しかも、永続的な権利収入、社員教育など、他のビジネスにはない、さまざまなメリットがあるのです。つまり、

・正しいやり方を知って、ビジネスを展開している会社が少ない
・知っていたとしてもそれを展開するだけのスキルがなく、展開はディストリビューター任せ

このことが、多くのディストリビューターを、成功に導けない原因となっているのです。

中には創業当時はビジョンを持ち、正当なやり方で展開を続けていたものの、規模が大きくなるにつれ、誤った方向に進んでいってしまう会社もあります。こうした現状があるからこそ、私は、ディストリビューターが安心して参加でき、成果に見合った報酬が得られる、健全な会社を増やしたいと考えているわけです。

一つ間違うと人間関係を壊してしまう

もう一つ、ネットワークビジネスが嫌われる、大きな理由があります。

それは、顧客が不特定多数でなく、友人知人である、ことに起因しています。勧誘する段階で、正しいやり方でアプローチしないと、人間関係に、ひびが入ってしまう危険性があるのです。

無店舗販売で広告宣伝も打たない以上、新規顧客を獲得するには、クチコミしかありません。中には、ソーシャルメディアやインターネットを活用される方もおりますが、基本は、直接会ってビジネスや商品の良さを伝える…ということです。具体的には、友人知人に連絡してお茶や食事に誘うなど、まずは、直接会える機会を設定します。

相手が初対面なら、アポイントメントの段階で、会う目的をしっかり説明するでしょう。しかし、このビジネスは友人、知人にすすめるものなので、一対一で会う場合、相手が初対面というケースは少ないのです。

気心が知れている相手となら、簡単に会うことができますし、たとえ久しぶりでも顔見知りなら、「久しぶりにお茶しない？」のひと言で、会う約束は取り付けられます。つまり、目的を告げずに、会うことができるのです。いざ会ってみたら、実はネットワークビジネスの話だった・・友人は、どう思うでしょうか？

「ただ会いたかったのではなく、そういう目的で会いたかったんだ」

「何かおかしいと思ったが、やっぱりそういうことか」

など、感想はさまざまですが、共通して言えるのは、『騙された』、という気持ちでしょう。

これは、逆の立場になってみれば、十分にわかることです。

実際には、誘い方一つとってもルールがあります。勧誘に際しては、勧誘者の氏名、負担を伴う契約の締結に関する話であること、商品に関しての説明などをしっかり伝えなければいけません。

また、何の目的で会いたいのかも、告げなければいけません。全て、会ってからの話でなく、アポをとる段階で…ということです。目的を告げずに「お茶しない？」という言葉だけで誘い、実際に会ってからビジネスの話…ではまずい、ということです。最悪の場合、業務停止に至るケースもあるのです。

ルールもさることながら、相手の気分を害してしまうことが、何よりの問題でしょう。

「友人だと思っていたが、その私をだますのか！」と、怒りますよね。

一つの方法として、商品にもビジネスにも精通している、先輩ディストリビューターを同席させる方法もありますが、これまた、同席することをうまく説明しないと、

「私はあんた（先輩）の話を聞きに来たんじゃない！」

と、なります。知識があろうが、説明がうまかろうが、見知らぬ人の話は聞きたくない、という、拒絶反応が生まれるものです。

また、こうしたケースでは、事前に「先輩を連れてくる」と告げると相手が嫌がるため、事前に告げないディストリビューターも多いのです。トラブルになるのは、目に見えていますよね。

ここが、ネットワークビジネスの難しさです。先ほど、関わると苦労する会社がある、と言いましたが、こうした会社はノウハウもなく、教育もせずにディストリビューターを営業に送り出し、現場でトラブルになるわけです。

つまり、ディストリビューターが直接友人知人と会い、セールスをかけることが、ビジネスの生命線ですが、正しい方法でアプローチしないと、何より大事な人間関係が壊れてしまうのです。

肝心なのは、対象者が不特定多数の人でなく、友人知人であるということです。知り合いにネットワークビジネスをすすめるということは、単に物が売れなかった、では済まされないのです。

断った友人は、ビジネス自体や商品に腹を立てているというよりは、信頼していた友人に裏切られた、という気持ちの方が強いでしょう。そして、友人を悪の道に染めてしまった、「ネットワークビジネス」に、激しい敵意を抱きます。これもまた、逆クチコミで、世間に悪評が広がる要因となっているのです。

ここまで、ネズミ講や、不誠実なネットワークビジネスなどを説明しましたが、現在、世間に広く浸透している、インターネットショッピングに関しても、ひと言、お話ししたいと思います。

よく、「お試し価格７９８０円が今なら９８０円」、などとうたい、お得感をアピールする会社あります。しかし、実際には定期購入が条件であり、購入者がお試しで1個買うと、次の月も商品が届いてしまいます。

慌てて、「いや、試しに買っただけですが」と電話してみると、「4か月間は解約できません」という、信じられない答えが・・・。よく見ると、ネットショッピングのホームページに、小さな文字で「4か月間は解約できません」の文字が…。結局、その購入者は、渋々、買いたくもない商品を数万円購入するハメになった・・という話です。

残念ながら、この手の話は意外に多く、非常に問題になっています。何かとネットワークビジネスが叩かれる現在ですが、現実には詐欺まがいのネットショッピングも多く、テレビショッピングにも、怪しい会社はあります。

何が言いたいのか、ここでまとめたいと思います。

決してイメージだけで決めつけず、本質を見抜いていただきたい…ということです。

一般的にはあまり問題とされない、ネットショッピングやテレビショッピングにも、不誠実な会社はありますし、イメージの悪いネットワークビジネスにも、誠実な会社はある、ということです。

マイナスの話ばかり書きましたが、このような失敗が起きないように、しっかりとコンサルティングを行うのが、私の会社です。ビジネスをよく理解し、正しい手順を踏めば、実は、他の販売形態よりも売上を伸ばしやすいのが、ネットワークビジネスなのです。

１９８７年に設立した会社なのです。このことは、調べればすぐにわかります。つまり、今から30年以上前に、大手のダイエーが、このビジネスの可能性に目を付けていたことになります。

その後、エックスワンは、２００３年にヤマノホールディングコーポレーション（現ヤマノホールディングス）に買収されました。社名を聞いて、「あれ？ひょっとして…」と思う方も多いでしょう。そう、この会社はあの、山野愛子さんの企業理念を受け継いだ、会社なのです。

ダイエーが設立したエックスワンなど、大手がネットワークビジネスに目を付け、参入している点は、経営者の皆さんにとって、参入への一つの指標と言えるでしょう。商材さえ適していれば、大手でも十分、立ち上げることができ、成功する可能性も高いということです。

もちろん、大手が参入していれば、それで良いというわけではありませんが、ここは、歴史と実績という点で考えてください。

歴史としては、日本でネットワークビジネスが産声をあげた、１９６０年代から現在まで、成長を続けている企業が存在していることがポイントです。また、上位にランクされる会社は商品や企業名に知名度があり、実績としても申し分ありません。

ネズミ講のような違法の会社は、一時的に売上をあげても、数十年も続くことはありません。歴史と実績は、この業界が健全であることの証と言えるでしょう。

参入の仕方を工夫する大手

もっとも、大手の参入の仕方を見て、新たな疑問がわく方もいらっしゃるでしょう。

「ダイエーは、なぜ、別会社でネットワークを始めたのか？」

「大手が携わっていることはわかるが、『ネットワークビジネス』という言葉を、大々的に打ち出している会社は少ないようだ。何か理由があるのではないか」

と、いう疑問です。


実際、大手であっても別会社で立ち上げを行ったり、ネットワークビジネスに関わっていることを、大々的にうたわない会社は多いです。


理由は簡単。今まで申しあげた通り、業界のイメージがあまりにも悪いからです。いつの時代も企業イメージの良し悪しは、会社の業績を大きく左右します。

「ビジネスに参入して実利はあげたいが、イメージを損なっては元も子もない」と考える企業が、なるべく支障のない方法で、ビジネスを展開しているのです。

企業の中には、「ネットワークビジネス」という言葉を使わず、別の言葉を使用しているケースもあります。

「紹介販売」、「会員制販売」、「システム販売」、「ダイレクトマーケティング」…など。

それだけ、イメージに対して敏感になっているのでしょう。無理もないことだと思います。

そして、こうしたリスクを恐れて、

「興味はあるが、イメージを損なうわけにはいかない」

「導入するメリットは十分理解しているが、参入に踏み切る決断はできない」

と、躊躇してきた会社が多いのも、事実でしょう。今も、「始めたいがなかなか決断できない」、という予備軍は大勢いらっしゃるはずです。

大手を含むあらゆる業種から毎月20件～30件の問い合わせあり

具体的な話をしましょう。

私は、ネットワークビジネスの立ち上げコンサルタントを行っていますが、私の元には毎月20件から30件の問い合わせがあります。

守秘義務がありますので、社名は公表できませんが、業種も大手製薬会社、お菓子メーカーなど、多岐にわたっています。

つまり、大手企業、老舗メーカーなどが、ネットワークビジネスに興味を持ち、この販売形態で、新たな販路を拡大したいと考えているのです。

こうした企業が参入する方法として、ダイエーのように社名を変えて、別会社で始めるという方法もあります。別の章では、実際に立ち上げる企業が、どのような視点と戦略で展開した方が良いのか、詳しく解説したいと思います。

第 2 章

年商10億、
100億は通過点。
本部立ち上げの
10大メリット

ネットワークビジネスの健全性を知っていただいたところで、次は、本部を立ち上げることの10大メリットを、お話ししたいと思います。

この章を読んでいただければ、ネットワークビジネスという販売形態が、他の販売形態には無い、魅力と可能性を持っていることが、おわかりいただけるでしょう。

①絶大な販促効果と浸透力

データと経験に裏付けされた「戦略的クチコミ」が最大の武器

1章で、「ネットワークビジネスは、多額な広告宣伝費をかけない」、という話をしました。しかし、商品を販売していく以上、何らかの形で販売を促進していかなければいけません。

ネットワークビジネスの販促は、どこまでいっても「人対人」のクチコミ、これに尽きます。言い換えれば、ディストリビューター自身が宣伝マンとなって、自分の口で商品の良さを伝えていく…ということです。

「え?それが販促?」

「それは、どの業界でも実践しているだろう」

と、思う方も多いでしょう。確かに一理あります。

ただ、このビジネスが他とは違うのは、クチコミを最大限に重視し、長年培ったノウハウを駆使して、専属でクチコんでいるという点です。

例えば1章で、伝え方を間違えると人間関係にヒビが入る、という話をしました。決して簡単ではなく、きめ細かなテクニックが必要なのが、この手法なのです。この業界は、広告宣伝に頼ることなく、クチコミに特化して約60年間、歴史を積み重ねてきました。もちろん、インターネットは活用していますし、一部にはテレビCMを打つ会社もありますが、販促の生命線がクチコミであることに、変わりありません。

ひと口に、「広告宣伝を打たず」と言っても、最前線で動くディストリビューターにとって、商品の良さを伝えていくことは、並大抵のことではありません。しかも、これまでに述べたように、世間の偏見を取り除き、信用を勝ち取った上で、魅力を伝えなければいけないのです。

しかし、失敗を重ね、困難な時期を乗り越えて、業界は成長してきました。業界関係者は長年の経験で、何を、どのように伝えれば良いのか、何をしたら失敗するのかを、肌で感じて知っています。

言い換えれば、成功へのノウハウを知っているのです。つまり、単なるクチコミでは無い、データと経験に裏付けされた、「戦略的クチコミ」が、最大の武器となっているのです。

営業をディストリビューター任せにするわけでなく、現場に出す前には、しっかりと教育する。友人知人と会うタイミングや場所、使用して良い言葉とまずい言葉の選別。段階を踏んだ勧誘方法など、明確なコンセプトと具体的な手順を踏んで、クチコんでいくわけです。この、戦略的クチコミには、どのような効果があるのか。別の販促と、比較してみましょう。

例えば、テレビCMです。今の視聴者は、さまざまな形で情報を得ることができるため、業界の裏側もよく知っています。CMも、スポンサーが、お金を払って打っていることを知っているので、

「どうせ都合の良いことしかうたわないのだろう」

と、思ってしまいます。

これは、新聞、雑誌などの媒体、交通広告など、他の広告にも同じことが言えるでしょう。

それでも、景気の良い時なら、

「そういえばＣＭで宣伝していたな」

と、買う方も多かったでしょう。

しかし今は、皆さんの財布のひもは、非常に固い…。

そう簡単に、購買意欲をかきたてることはできません。

こんな時代だからこそ、愛用者が使用した感想を伝えるクチコミこそ、最大の販促になるのです。つまり、消費者の目が厳しくなり、何を信用したら良いかわからない時代だからこそ、愛用者の生の声が、信用できるわけです。

一方、広告宣伝が多様化してきたことも、クチコミが注目される、要因となっています。２０１８年の世界の広告費は、「デジタル」（インターネットなどを活用した広告）が、「テレビ」を抜いて首位に躍り出ました。詳しい話しは省略しますが、今や広告における絶対王者の、テレビの存在は脅かされており、「この広告を打っておけば間違いない」という時代は、終わりを告げています。生の声を聞けるクチコミの存在感は、ますます高まっているのです。

ネットと言えば、最近、1対1での対面販売をせず、インターネットのみで販売することをすすめる、ネットワークビジネス会社も出てきました。一般的な商品であれば、ネット販売のみで完結することもありますが、人と人が会ってこそ、可能性が広がるネットワークビジネスには、適していません。

もちろん、インターネットや、SNS（ソーシャル・ネットワーキング・サービスの略Facebook、LINEなど）は、このビジネスにおいても、十分活用できるツールですが、対面でのクチコミと併用してこそ、活きてくる手法なのです。

つまり、それだけやっていても、顧客はつかまえられない…ということです。

「インターネットだけ使えば、人と会わなくてもビジネスが成功する」

という、ネットワークビジネスの会社があったら、十分に注意して下さい。

単なる使用者でなく愛用者であることが強み

一方、販促のやり方として、店頭で店員が商品の良さを伝えたり、営業マンがお客と会い、セールスポイントをアピールする、というオーソドックスな手法もあります。

「人が商品の良さを伝えるという意味では、ディストリビューターと同じではないか？」と思う方も、いらっしゃるでしょう。

しかし、ディストリビューターには、店員や営業マンには無い、大きな強みがあります。それは、「商品の愛用者である」と、いうことです。

店員や営業マンが、どんなに熱心に商品の良さを説明しても、当然のことながら、仕事で説明しているので、お客に見透かされてしまいます。いずれも、その他多数の中の一つとして、商品を売っているからです。勢いに負けて、その場では購入しても、リピーターになる可能性は低いでしょう。

一方、ディストリビューターは、長年、商品を使用している消費者でもあるので、言葉の重みが違います。お客に納得してもらえる確率、リピーターになる可能性は、非常に高いのです。

3、実はあの企業もネットワークビジネスを導入

あのダイエーも30年以上前に参入していた

ネットワークビジネスの正しいやり方に関しては、後ほどお話しするとして、少し視点を変えて、この業界の正当性を証明したいと思います。

企業経営者の方々は、

「歴史があるのは理解できたが、それならなぜ、今まで大手が参入しなかったのか？60年近いなら、多くの企業が参入しているはずだ」

「大手の参入は、その業界に、ビジネスチャンスがあるかどうかの、一つの目安となる。どこも立ち上げないという事実は、重く見るべきだ」

と、考えるでしょう。

おっしゃる通りです。ここからは、理論や理屈だけでは納得していただけないと思いますので、事実をお話ししたいと思います。業界内では有名な話ではありますが、それ以外の方には意外と知られていない話です。

皆さんは、エックスワンという会社をご存知でしょうか？化粧品、健康食品を中心に、自社開発商品を製造販売している会社です。この会社、実はダイエーが子会社として、

もちろん、店員や営業マンの中にも、一度は商品を使い、商品に対して愛着を持つ方もいらっしゃいます。

ただ、ここで強調したいのは、ディストリビューターは、単なる使用者でなく、愛用者である、ということです。

決して、仕事のために購入し、使用したのではなく、自ら使用して「これはいい！」と感じる。その実感を、じかに伝えているからこそ、消費者の心に響き、浸透していくのです。

しかも、一部の店員や社員ではなく、全てのディストリビューターが愛用者であるからこそ、多大な信頼を、勝ち取ることができるのです。

顧客と会うだけで絶大な販促効果が生まれる

ネットワークビジネスのディストリビューターには、ひと言も言葉を発しなくても、友人知人と会っただけで、商品の魅力を伝えるだけの力があります。

「おいおい大丈夫か？　何だ、その怪しげな話は…」

と、思われるかもしれませんが、決して、オカルト的な話ではないので、どうぞ、このまま読み進めてください。

ディストリビューターは、商品を愛用している体験者でもあるため、体験談を語ることができます。しかし、それ以上に重要なのは、体験した効果が本人に表れている、という事実です。

例えば、化粧品なら肌のツヤ、健康食品なら健康状態、といった効果です。ディストリビューターに会った友人知人は、第一印象で

「そういえば、少し前に比べて、この人、肌のツヤが良くなったわね」

「この人、昔はあまり元気がなかったが、今はハツラツとしているな」

と、思います。

そして、ディストリビューターに向かって、

「どうしてそんなに肌ツヤがいいの？　何か使っているの？」

「昔に比べてハツラツとしているが、何か運動でも始めたの？」

と、聞きたくなるはずです。

そうなると、極端な話、説明しなくても、会っただけで、販促の目的を十分に果たして

いることになります。まさに、「百聞は一見に如かず」、と言えるでしょう。

これは、ディストリビューター自身が愛用者であること、商材が化粧品、健康食品など、見た目で結果の表れやすい物であること、というビジネスの特性が、販促面でプラスをもたらしているのです。

②強固な顧客基盤と超安定した収益力

永続的な収入が得られる権利収入

ここで、このビジネスの最大のウリを、ひと言で表したいと思います。それは、
「ネットワークビジネスは、権利収入ビジネスである」と言うことです。

権利収入とは、簡単に言うと、働かなくても収入が入ってくる権利、のことです。世の中には、さまざまな権利収入の形があります。

例えば印税。本を出版すれば、その本が売れれば売れただけ、著者には印税が入ってきます。特許や不動産の賃料なども、該当しますね。

わかりやすい例をあげてみましょう。作曲家、作詞家の方々は、歌に関する著作権を持っており、カラオケで歌われるだけで、著作権料が入ってきます。仮にその曲が10年前、あるいは、もっと前にヒットした曲であっても、カラオケで歌われていれば、お金が入ってくるわけです。

この、「昔ヒットした曲であっても」というところが、一つの肝と言えるでしょう。多

くのビジネスは、時代と共に流行りすたりがあったり、法改正などによって、業界の存続自体が危ぶまれることもあります。その点、権利収入は一度、権利を手にすることができれば、時代を問わず、永続的に利益を得ることができるのです。また、不動産収入も、わかりやすい権利収入と言えるでしょう。借り手さえいれば、土地を貸すだけで収入が得られるわけです。

「権利収入は知っているが、ネットワークビジネスと何の関係があるんだ」

と、思う方もいらっしゃるでしょう。

実は、ネットワークビジネスは、著作権、特許、不動産と同じく、黙っていても永続的な収入が得られるビジネスなのです。それは、単にリピート性の高い商品を売る、ということではありません。

もちろんそれも前提ですが、ネットワークを築いていくことにより、自分が動かなくても傘下のディストリビューターが、収入をもたらしてくれる。このことが、権利収入と同じ意味合いを持つわけです。

ここで、「自分が動けなくなっても」という状態について、一つの例を紹介しましょう。

仮に、Aさんというディストリビューターが体調を崩して、しばらく営業活動ができなくなったとします。

普通のビジネスなら、当然、収入が途絶えてしまいますよね。しかし、このビジネスなら、本人が休んでいる間にも、収入が得られる仕組みになっているのです。

どんなに優秀な営業マンでも、一人で売る量には限りがあります。でも、ネットワークビジネスなら、グループ内のディストリビューターが、本人の動きとは別に、収入をあげてくれるわけです。

個人の例に当てはめてみましたが、読者の皆さんにとっては、経営者としてお考えになると、より、身近になると思います。

どんなビジネスでも、時代や環境（同業他社の存在など）によって、浮き沈みはあるものです。また、経営者の方が病気で倒れられたり、会社に不測の事態が起きる可能性もあります。皆さんなら、よくおわかりだと思います。

そして、このような苦しい時期に会社を支えてくれるのが、本業とは別の、第二の柱です。それが、ネットワークビジネスなのです。

言い換えれば、ネットワークビジネスは、企業にとって「ビジネス保険」、と言えるでしょう。転ばぬ先の杖として、しっかりと保険をかけていれば、どんな事態が起きても、柔軟に対応できるはずです。

第二の柱がネットワークビジネスであることがポイント

ポイントは、第二の柱が、ネットワークビジネスであることです。

第二の柱を持つという考えは、特に新しくもありませんし、すでに、始めていらっしゃる方もいるでしょう。しかし、単に商品を販売したり、サービスを行うだけでは、永続的な収入は得られません。

第二の柱が、愛用者が愛用者を生み、友人知人を中心に着実に根を張っていくビジネスだからこそ、本業が揺らぐ事態になっても、対処できるわけです。

ネットワークビジネスは、こうした強固な顧客基盤があるからこそ、時代に左右されない安定した収入が得られるのです。いや、むしろ、景気が後退して物が売れず、既存の広告宣伝も行き詰っている今だからこそ、ネットワークビジネスの、存在価値が際立ってきているのだと、私は思います。

ちなみに、先ほど、経営者が倒れられるかもしれない、という話をしましたが、このビジネスはディストリビューター本人が倒れたり、亡くなられた場合であっても、そのご家族が権利を引き継ぐ、というケースもあります。

ここで、家族が事業を継承した事例を、一つ紹介しましょう。

Aさんという経営者は本業を営む傍ら、事業の一つとして、ネットワークビジネスを行っており、年商１００億円のうち、３分の１の売上をネットワークビジネスであげていました。ところがAさんは70歳の時、病気で亡くなりました。その後、娘さんがネットワークビジネスを引き継ぎ、Aさんと同じ売上高をあげています。

経営者が社員を心配されるように、一家の大黒柱である父親も、自分が倒れた時、ご家族のことが気がかりになるはずです。しかし、家族が権利を引き継げるなら、安心してビジネスに取り組めるはずです。

このことは、新たにディストリビューターを募集するケースでは、大きな売りとなるはずです。家族を持つ方々にとっては、報酬額もさることながら、自分にもしものことがあった場合を、常に考えていらっしゃるでしょう。もちろん、これは主宰企業によって異なり、この方式をとらない企業もあります。ただ、そういう手法で、「権利収入」を引き継ぐケースがあることは、まぎれもない事実です。

いずれにしても、「権利収入」は、ネットワークビジネスの、最大の魅力と言えます。今、ネットワークビジネスは、各業界から注目を浴びていますが、特に、「権利収入」という部分に、関心をひかれる方が多いようです。

③目標に向かって一丸となる鋼の組織力

人を育てることが収入アップに直結するシステム

このビジネスの特徴の一つに、「組織の強さ」があります。ディストリビューターたちは、当然、利害関係でつながっていますが、傘下のディストリビューターを育てることは、自身の収入に直結するため、互いに励ましあい、ノウハウや情報を提供しあう関係として、しっかりと連携しているのです。

どういうことか、説明しましょう。Aさんが勧誘したBさん、Bさんが勧誘したCさんとDさんという、一つのグループを例にとってみます。

Aさんにとって、Bさんを育てることは、自分の収入を増やすことに直結します。Bさんが Cさんと Dさんを勧誘し、さらに、CさんとDさんも、傘下のディストリビューターを作っていけば、Aさん自身も確実に収入は増えるからです。当然、Bさんへの教育や、営業面のフォローには熱が入ります。

次に、Bさんの立場で考えてみましょう。Bさんも、自身の売上を伸ばすと共に、Cさん、Dさんを教育して、一人前になってもらわなければいけません。

そのために、Ａさんに、営業面のアドバイスと共に、傘下のディストリビューターの、教育方法を聞くでしょう。

聞かれたＡさんは、どう思うか。Ｂさんの成長は、自身の収入アップにつながるため、快く、自分の持っているノウハウを、教えるでしょう。

このように、ネットワークビジネスは、傘下のディストリビューターの成長が、自身の収入アップにつながるため、惜しみなくノウハウを提供し、励ましあう関係になっていくのです。

また、Ｂさんの立ち位置からわかるように、自分より上位のディストリビューターから教えを乞うこともあれば、傘下のディストリビューターに、教えることもあります。こうした関係が、グループ内のあちらこちらで、行われているわけです。

つまり、２つの立場を経験する人が多く、「ノウハウ」の面でも、教えられる立場と、教える立場のポイントがわかりますし、「気持ち」の面でも、教える側の苦労と、教えられる側の不満などがわかるのです。こうしたやりとりを日々繰り返し、励ましあうことで、強い組織に成長していくのです。

ここで、一般企業と比較してみましょう。企業においても、上司は部下を育てることが仕事です。しかし、部下が育っても、それが直接評価に結び付くわけではありません。

評価対象にはなるでしょうが、企業の査定はさまざまな側面で行われるため、「部下の成長＝上司の評価」とは、なりにくいものです。

また、上司にとって部下が成長することは、「追い越されるかもしれない」という不安を抱くことにもなります。そう考えると、企業における人間関係は、複雑であることがおわかりいただけると思います。

その点、ネットワークビジネスなら、先ほどお話したように、傘下のディストリビューターの売上が、自分の収入に直結する。つまり、シンプルでわかりやすいシステム、になっているのです。

加えて、このビジネスは、企業のように、派閥やしがらみなどがないため、余計なことにとらわれることも無く、教育とフォローに熱を注げるわけです。もっとも、現実には、ノルマを課すネットワークビジネス会社があったり、リーダーが成果を焦ったりして途中で人間関係がギクシャクしてしまうケースもあります。

こうならないために、私はディストリビューターに負担なく、じっくりと腰を据えて、展開するビジネスを推進しています。

人と人とが助け合う仕組み

仕組みもさることながら、ネットワークビジネスは、愛用者が愛用者を呼ぶと言う特性上、人と人が良い意味でつながりやすいのです。一般的なビジネスなら、それほど愛着のわかない商品であっても、仕事なので売らなければいけません。

ところが、「商品に愛着がわかない」、という前提でスタートすると、心理的にマイナスな部分を抱えることになります。

これが、同僚や上司とのやりとりの中で、表情や言葉に表れ、衝突するケースもあります。もちろん、熱が入っていないことはお客さんにも伝わり、販売そのものも上手くいかないでしょう。

これに対し、ネットワークビジネスのディストリビューターは、商品の愛用者であることが前提ですので、当然、商品に愛着があります。

先ほどの、嫌々販売する、マイナス面を抱えた人に対し、ディストリビューターは、商品の魅力を知り尽くし、商品のファンであるというプラス面から入っているので、トラブルも少なく、関係は自然と強くなっていくのです。

このビジネスにおける、グループ内のメンバーの関係は、友人知人であり、先輩後輩であり、お互いに目的を共有する同志であり、ビジネスパートナーでもあります。また、商品の、愛用者仲間でもあるでしょう。このように、さまざまな形で関りを持つため、お互いに、足りない部分を補うこともできるのです。

例えば、商品知識は豊富だが、セールストークは今一つ苦手なメンバーに、トークの仕方を教えてあげたり、商品の特徴を、今一つアピールしきれていないメンバーに、新たな切り口や、アピールポイントを伝授する・・といった感じでしょうか。

つまり、ネットワークビジネスの組織は、

・人が人を育て、助け合う仕組みになっている
・愛用者の集まりなので、良い関係が築きやすい

という、特徴があるのです。

そして、この組織を活用すれば、同じ商品を売るにしても、全く別の形で売ることがで

きます。それこそ、前項でお話したような、永続的な収入も得ることができるのです。

どんな企業も、社長を頂点として、ピラミッド式に組織が形成されています。しかし、社長と管理職、上司と部下という関係だけでは、モチベーションに差が出たり、成果に対する評価に不公平感が出てしまいます。

その点、ネットワークビジネスの組織は、全員が一丸となって目的に向かっていける、仕組みになっています。

従来の組織に、行き詰まりを感じていらっしゃる経営者にこそ、このビジネスを、活用していただきたいと思います。

ちなみに、組織の中で自分より上位に位置するメンバーを「アップ（またはアップライン）」、下位に位置するメンバーを「ダウン（またはダウンライン）」と言います。この後の文章でも登場しますので、覚えていただきたいと思います。

④ディストリビューターと企業にメリットをもたらす成果報酬

お金と成果の等価交換方式

ネットワークビジネスは、成果に対する報酬が明確である点も、特徴と言えます。具体的には、一定の成果をあげたディストリビューターには、様々な特典が用意されているのです。

例えば、自社製品の割引購入、車の支給、マイホーム資金の支給、海外旅行の招待などがあります。ここでいう成果とは、単純に「高い売上をあげた方」と、考えて良いでしょう。

ここで、一般企業と比べて、説明しましょう。

企業の場合、一人の社員が売上をあげた場合、上司が手柄を独り占めするようなケースもあります。

これは、上司の人間性にもよるでしょうが、部下に手柄をたてさせるより、自分の手柄にした方が評価されやすかったり、売上に対する社員の評価方法が明確になっていないなど、やはり仕組みの部分で問題がある場合が多いのです。

もちろん、この仕組みで成功されている企業は、数多くあります。ただ、成果に対する報酬が、今一つ不明確であることは事実です。そう考えると、シンプルであることは、ビジネスを拡大する上で、非常に重要なことが、おわかりいただけると思います。

また、一般企業の場合、成果をあげていても、思わぬことがマイナス要素につながることもあります。例えば、

「私の方が成績をあげているのに、
上司へのゴマすりにたけているあの人の方が、評価は高い」

「営業マンとしての腕は私の方が上だが、彼は次期社長の専務派に属しているので、出世コースに乗っている」

といった感じです。

こうした、一般企業でありがちな納得のいかない評価方法は、モチベーションを下げるだけです。

私も、コンサルティングをさせていただく企業に対し、「お金と成果の等価交換方式」を、

提案しています。これこそが、ネットワークビジネスの真髄であり、誰もが納得できる形であるからです。

終身雇用が当たり前の時代は、従来の企業のやり方で良かったかもしれません。しかし、時代は変わりました。

転職が当たり前、副業も解禁になりつつある今、古くからある日本型のビジネスは、時代に取り残されてしまいます。そんな今だからこそ、「お金と成果の等価交換方式」である、ネットワークビジネスの出番なのです。

雇用せず売れた時だけ報酬を支払う方式

先ほど、ディストリビューターの成果報酬の話をしましたが、今度は、報酬を支払う側の、企業のメリットを、お話ししたいと思います。

このビジネスは人を雇用せず、商品が売れた時だけ、ディストリビューターに報酬を支払う仕組みになっています。つまり、固定給を払うわけではなく、売上が上がった時だけ、対価を支払うのです。

雇用はせず、固定給でしばらないということは、ディストリビューターの立場で考えれば、動かなければ何の収入も得られない、ということになります。だからこそ、彼らは自発的に考え、行動に出るわけです。

・やればやるだけ収入は増える
・やらなければ何の収入も得られない

この方式があるからこそ、モチベーションを高く持ち、頑張れば、サラリーマンでは得られない、大きな収入を得られるのです。

実際に、トップディストリビューターの中には、年間で億を稼ぐような方も珍しくありません。

それはさておき、新規に参入する企業にとって、社員を雇用せずに、ビジネスを展開できることは、人件費という意味でも大きなメリットとなります。

例えば、新規事業をスタートさせたいが、資金的にあまり余裕の無い方もいらっしゃるでしょう。そうした方々が、低リスクで始められるのが、このビジネスなのです。

⑤掘り起こした潜在顧客がリピーターへ直結

「攻め」のビジネスで、取りこぼした顧客を囲い込む

ネットワークビジネスを新規事業で導入する場合、売上のアップ以外にも、大きなメリットがあります。それは、「潜在ニーズを掘り起こす」と、いうことです。

どういうことか。ここは、店舗販売を例にとって説明しましょう。

店舗での販売は、当然のことながら、来店客を待つのが基本となります。最近は宅配やネット販売なども始めるところが増えてきましたが、これらも、基本的には「待ち」のビジネスであることに変わりありません。

つまり、お客が来店してから、店員が商品のセールスポイントをアピールしたり、注文が入ってから、宅配をする…ということです。それ自体は確立されたビジネスですし、否定する気はありません。しかし、「待っている」だけでは、潜在顧客を取り逃がしてしまう可能性もあります。

例えば、しっかり時間をかけて説明すれば、商品の良さを理解し、購入してくれるお客さんもいますし、商品に対して否定的だった方も、使用して効果の表れた方の話を聞けば、

購買意欲がかきたてられる可能性もある、ということです。読者の皆さんなら、もう、何が言いたいか、おわかりだと思います。こうしたお客さんを取り込むことができるのが、ネットワークビジネスなのです。

「攻めのビジネス」という言葉はよく使われます。

店舗であれば、宅配やネット販売などが該当しますが、それは、形の上で攻めているように見えるだけです。お客さんの心のカベを取り除き、心理戦を制してこそ、真の意味で攻めていると言えるのではないでしょうか。

まあ、心理戦などと言うと、何やら怪しげに聞こえるかもしれませんが、「戦略的クチコミ」は、相手の立場、心、タイミング等を十分に理解し、配慮に配慮を重ねながら、じっくりと商品をすすめていくので、あえてこのように呼ばせていただきます。実際には、十分な実績と経験に裏付けされた、ビジネスモデルとしても、高い評価を受けているのが、ネットワークビジネスなのです。

いずれにせよ、今までの販売形態では取りこぼしていた顧客を、別のアプローチで掘り起こしていくのが、このビジネスです。

店舗に足を運ぶ時間も無いほど忙しい方であっても、この手法なら商談に持ち込むことができます。そして、懐疑的な人であっても、丁寧に疑問を取り除き、ディストリビューターが実体験を語ることで、心を動かし、新たな顧客となる可能性があるのです。

さらに、ネットワークビジネスで開拓した顧客は、店舗やネット販売に比べ、リピーターになるケースが多いのです。店舗やネットは、何かの拍子で行かなくなったり、注文しなくなると、それっきりになってしまいます。

訪問販売もお客と対面しますが、在宅していなければ意味が無く、何より、ディストリビューターのように、自らの体験を語ったり、表情や健康状態でアピールすることはできません。つまり、従来の販売形態では取りこぼしていたお客を囲い込み、さらに、永続的に商品を販売できるのが、このビジネスなのです。

ここで、クチコミにより潜在ニーズを掘り起こす例を、私の実体験をもとに説明しましょう。私は、テレビショッピングを見ていて、良さそうな物はすぐに買います。しかし、10個中8個は、想像していた物とは違い、期待外れに終わります。

そんな中、ある時、購入した掃除用具が、テレビで紹介していた通りの素晴らしい商品でした。私は早速、友人に直接、「あの商品はいいよ〜」と言って宣伝し、80人が購入しました。

何が言いたいかと申しますと、今の時代、一人の消費者が「良い」と思ったものは、ＳＮＳや、じかのクチコミを通じて、一気に広がり、それがブームの源になる、ということです。

そして、一人の消費者が「良い」と思うだけで、まわりの友人のニーズ、つまり、潜在ニーズを掘り起こすことにつながるわけです。

販売予測が立てやすいメリットもあり

一方、このビジネスは、販売予測が立てやすいことも、メリットと言えるでしょう。

通常、店舗をかまえる場合、ある程度、在庫を抱えなければならないため、一定の品揃えが必要になります。

無店舗販売であっても、注文があってから、迅速に商品を届けるためには、ある程度の数を、用意しておかなければなりません。

問題は、その商品がいつ売れるのか、予測がつきにくいということです。店舗の場合は売れない時期、スペースを使用しているロスが出ますし、ひょっとしたら、そこに別の商品を置いておけば、売れたかもしれません。

こうした機会損失は、積もり積もって業績を圧迫しかねません。通信販売等でも、売上が上がらぬまま、人件費や通信費だけが、飛んでいくことになります。いずれにしても、売れるか売れないか、いつ売れるのかが予測しにくい状態では、ビジネスそのものが成り立ちません。

その点、ネットワークビジネスは、愛用者のリピート購入が予測できます。愛用者は、新商品が出れば必ず買ってくれますし、「どうせ買うならいつものブランド（同じ会社の商品）を買いたい」と、考えるからです。

これにより、在庫や営業にかける費用など、様々なロスを省くことができます。時間的なロスも少なく、その分、新たな愛用者や、ディストリビューター獲得に動けるわけです。

⑥「生きたデータ」を商品開発に活用

一般的に、どんなに優れた商品も、競合商品が登場することによって、差別化がはかりにくくなったり、何らかの理由で、お客離れが進む場合もあります。

また、既存の商品に対しても、

「もっと使いやすい容器は無いか」

「大容量の商品があると、購入の手間も省けるのだが」

など、お客の要求は尽きません。

企業は、日々変化する消費者動向に、アンテナを張り巡らせ、情報を集めて対処しようと考えますが、消費者の生の声を集めるのは、なかなか難しいものです。店頭で店員が直接、話を聞いてみても、その場限りの答えであったり、本音はオブラートに包み、店員に配慮した答えしか返ってこない場合が多いものです。

その点、ネットワークビジネスなら、愛用者の声を、ダイレクトに拾い上げることができます。ディストリビューターは、販売を行うと共に愛用者でもあるため、販売する側の意見（売るために必要な要素）と、消費者の意見（実際に使ってみた感想）の、2つの視点で、意見を聞くことができるのです。

しかも、主宰会社とディストリビューターは、ビジネス上でのつながりがあるので、オブラートに包まない、本音を聞くことが可能なのです。

また、お客が昨日、今日購入したのではなく、愛用者であることも、本音が聞きやすい要因と言えるでしょう。長年使用しているからこそ、パッケージ、容量、価格など、さまざまな要望や意見が聞けるはずです。


成長するネットワークビジネス会社は、自社の商品を常に見直しています。中には自社の研究開発だけでなく、外部の研究機関に意見を聞いたり、協力を得るなどして、日々、研究を重ねている会社もあります。

しかし、こうした研究開発も、消費者の「本音」と「最新の意見」を土台にしてこそ、意味があります。その、土台となるべき、「生きたデータ」を集めやすいのも、このビジネスのメリットと言えるでしょう。

⑦本業に活かせるノウハウをフィードバック

本業をお持ちで、これから、ネットワークビジネスを導入しよう、と考えていらっしゃる経営者の方々には、「本業に活かせるノウハウを蓄積する」という視点でも、導入を検討していただきたいと思います。

商品開発に活かせるデータが収集できることは、すでにお話ししましたが、加えて、営業ノウハウが蓄積できる点も、魅力と言えます。

広告宣伝や企業名など、何の後ろ盾も持たないディストリビューターが、完全アウェーの状態で、販売という戦いに挑んでいく。そこには、従来の販売形態では想像もつかない苦労が待ち受けており、失敗を重ねていくうちに、成功に結び付く営業法を身につけることができます。

クチコミを生命線として、組織で戦うネットワークビジネスだからこそ、やればやるほど、営業面で必要なデータが蓄積されていくのです。これにより、

「店頭でアピールしてもなかなか売れなかった理由はこれか」

「この手順を踏んでいけば、絶対的なリピーターが獲得できるのか」

といった、営業面での発見が次々と生まれるはずです。

これは、「本音が聞ける」という、ビジネスの特性が大きいでしょう。1000人の通行人に、当たり障りのない意見を聞くよりも、1人の愛用者に本音を聞いた方が、はるかに、参考になるデータがとれるからです。

営業だけではありません。このビジネスをすすめていけば、「宣伝」と「人事」の面でも、プラスをもたらすでしょう。

「宣伝」はクチコミ中心なので、一見、参考にならないと考えられがちですが、今はSNSも広がりを見せており、いかにクチコんでいくかは、全ての企業の関心ごととなりつつあります。

こうした手法を効果的に展開するには、ディストリビューターのクチコミ成功例は、大きなヒントとなるでしょう。

そして、人事。例えばリーダーの考え方や、傘下のディストリビューターとのコミュニケーションの取り方など、中間管理職にとって、参考になる要素は数多くあると思います。

このように、ノウハウをフィードバックするという視点も、ぜひとも、考えていただきたいと思います。

⑧人材の受け皿として力を発揮

最近は、定年を延長する企業も増えていますが、まだまだ60歳を一つの区切りとする企業は多いものです。中には、非常勤や監査役などの形で、定年後も残る方もいらっしゃいますが、それは、ほんのひと握りです。

しかし、昔とは違い、現在の60歳はまだまだ現役で働ける方が多い。この年齢で、会社のキャリアを終えてしまうのは、非常にもったいない話です。会社にとっても、商品知識を豊富に持ち、人生経験も積まれた人材を、手放してしまうことになるのです。こうした人材の受け皿になり得るのが、ネットワークビジネスです。

再雇用して、給料を約束する余裕は無くても、ディストリビューターとして参加してもらえれば、成果が上がった時だけ報酬を支払えば良いからです。

退職される方にとっても、それまでの雇われていた人生から、頑張れば頑張っただけ収入が上がる方式に変わり、心機一転、再スタートができるはずです。

一方、このビジネスには、女性社員を活用する力もあります。女性の社会進出が定着しつつある今でも、さまざまな理由で、突然、社員としてのキャリアを断たれることがあります。

出産・育児はもちろん、介護や夫の転勤など、家庭という単位では、どうしても、女性が犠牲になってしまうのです。最近は夫婦で役割分担し、夫が家事を手伝うケースも増えてきましたが、育児や介護など、やはり男性ではなく、女性の力が必要な場面も多いので、結果的に退職するケースが多くなってしまいます。

言うまでもありませんが、こうした女性を活用できるのも、ネットワークビジネスなのです。特に時間と場所を選ばないこのビジネスは、育児や介護をされている女性にとって、最適です。

仮に引っ越したとしても、出勤したり、店舗で働くわけではないこのビジネスなら、全国どこでも、始めることができます。確かに、友人知人にすすめるビジネスなので、友人知人から遠ざかってしまう引っ越しは、ハンデになるでしょう。

ただ、ここで、このビジネスの仕組みが生きてきます。一人を勧誘できれば、そこからネットワークが、広がっていく可能性があるからです。

新しい土地でも少しづつ友人を増やし、じっくりとビジネスに取り組んでいく。そうすれば、ビジネスを続けていくことは、十分に可能です。退職者と女性を例にあげましたが、

彼らに共通するのは、

・商品に対して十分な知識を持つ
・やる気はあるが、事情や定年制によって会社を離れなければならない

という2点です。そして、こうした人材の受け皿となるのが、ネットワークビジネスなのです。

ちなみに女性の話をしましたが、クチコミが最大の武器となるこのビジネスこそ、女性が活き活きと活躍できると思っています。なぜなら、女性はコミュニケーションをとり、ネットワークを広げていく能力に長けているからです。私自身が、誰よりもそれを知っています。こうした女性パワーを活用する意味でも、経営者の方々はこのビジネスを導入していただきたいのです。

ここで、女性が活躍している事例を紹介しましょう。

Yさんという女性ディストリビューターは、ご主人が自衛官として働いており、1～2年ごとに転勤で引っ越していました。そんな彼女は25年前、ある商品との出会いで、ネットワークビジネスを始めました。自衛官であるため、官舎に住んでおり、自宅では絶対に仕事ができないなど、正直、営業はしにくいです。勧誘したい友人がいても、自宅に招く

わけにも行きません。母親として、子育てにも力を注ぐ必要もあります。

そういう環境の中で少しづつ活動し、現在、年収１０００万円を稼いでいらっしゃいます。彼女の成功は公務員など、活動するには制約があるような女性にも、勇気を与える事例と言えるでしょう。

いずれにしても、企業を経営する皆さまなら、今までも貴重な人材を、不本意ながら手放さなければならない、ということがあったでしょう。こうした人材を活かす力が、ネットワークビジネスにはあるのです。

「人材」の話をしたので、一般企業のネットワークビジネス導入が、社員の健康にもつながる…という話をしたいと思います。

すでにお話しした通り、企業にとって社員は大切な財産です。だからこそ、健康食品や化粧など、社員の健康や美容に関連する商材を、選んでいただきたいのです。このビジネスは、売る側が愛用者になることから始まるので、導入と同時に社員も健康食品や化粧品を使うようになり、美容と健康が向上するわけです。

そして、社員が使うからこそ、商材選びは慎重に、安心安全な物を選んでいただきたいと思います。商品選びに関しては、後ほど詳しくご説明します。

⑨時と場所を選ばぬ、時代にマッチしたビジネス

今、人々の生活スタイルは多種多様であり、ビジネスの仕方も変わってきました。女性が当たり前のように仕事を持ち、在宅率が低くなる一方で、会社に行かず、自宅で仕事をする方も、目立つようになりました。

時間に関する考え方も、変わりつつあります。買い物は深夜営業のスーパーやコンビニエンスストアで済ませたり、ネットを使って、深夜や早朝に注文をする人も増えてきました。つまり、物を売るにしても、今までのやり方では限界があるということです。

もちろん、店舗販売であるなら、営業時間を早朝から深夜に延ばしたり、宅配などを始める方法もあります。しかし、今、最も可能性があるやり方は、時と場所を選ばず、柔軟に対応できるやり方でしょう。

ネットワークビジネスは、時間と場所を選びません。個人で言うなら、主婦が子育ての合間にできるし、サラリーマンが退社後や、土日に副業できるビジネスなのです。

商談する場所は、友人知人の家を訪問しても良いし、ディストリビューターの自宅に招いても、かまいません。

他にも喫茶店、レストラン、ホテルのロビーなど、どこでもできます。時間も、相手の

都合さえ合えば、早朝でも深夜でも、休日でも良いのです。いくらでも、融通がききます。

個人を例にあげましたが、これは企業においても同じです。ビジネスを始めるのが企業であっても、最前線で動くのは、ディストリビューターだからです。

時と場所を選ばないという利点は、ネットワークを広げるためには、非常に有利な条件と言えるでしょう。このことは、ディストリビューターを新規募集する場合、非常に有利な条件となります。どんな仕事も同じですが、新たに働き手を募集する時、時間と場所がネックとなるからです。

例えば、

「この仕事をやりたいが、店舗が自宅から遠くて通えない」

「副業でやりたいが、募集要項に書いてある勤務時間では、本業とかぶってしまう」

など、やる気はあっても、実際には採用に結び付かないケースが多いのです。

これでは、せっかくの、やる気にあふれた人材を、逃してしまうことにもなりかねません。企業にとって、大きな損失ですよね。

そう考えると、時と場所を選ばずに営業ができるネットワークビジネスは、柔軟性があり、何より、時代にマッチした、働き方ができると言えるでしょう。

⑩様々な形で参加できる柔軟性

ネットワークビジネスに参加する場合、関わり方としては、大きく5種類に分けることができます。

一つ目は、個人がディストリビューターになって、商品を販売すると共に、傘下のディストリビューターを増やしていくことです。そして、ネットワークビジネス1本で、収入を得る方法です。

二つ目は、個人のサイドビジネス。サラリーマン、ＯＬなどが、会社勤めをしながら、ネットワークビジネスを始める例です。最近は、副業を解禁する企業も増えてきたので、この形で参加される方も増えています。ちなみに、私が把握している範囲では、大手企業で数千社、自治体でも2か所が副業を解禁しているようです。

三つ目は、個人が商品は購入したが、ディストリビューターにはならない、というケースです。いわゆる愛用者で、実際、こういう方もいらっしゃいます。もっとも主宰企業の中には、商品の購入即、ディストリビューター登録、という形をとらない会社もあるので、長く愛用して、気に入ったらディストリビューターになる、という流れを選択することも可能です。

四つ目は、主宰企業を立ち上げる形です。個人の場合も、事業として本格的に取り組む方もいらっしゃるので、区別はつきにくいのですが、ここでは、比較的大規模に取り組む方を指します。

そして、五つ目が、本業をお持ちの企業が、新規事業として取り組む形です。

特に注目したいのが、三つ目の愛用者です。ここで、ディストリビューターの立場になって、考えてみましょう。友人に会って商品を販売する時、その方を、必ずディストリビューターにも勧誘しなければならないとしたら、当然、ハードルは上がるでしょう。そうなると、強引な手口に走り、

「あなたに登録してもらうまで、私は帰らない」

などと、最悪のケースになりがちです。それこそ、ネズミ講や悪徳マルチ商法と、同類に

なってしまいますね。

一方、友人の立場になって、考えてみましょう。商品を購入しても良い…となっても、買うだけでなく、自分もディストリビューターになって、勧誘しなければならないとなったら、

「だったら私はいい！商品も買わない！」

と、なるでしょう。せっかくの購入機会を逃すだけでなく、人間関係がこじれることになります。何度も言いますが、最悪です…。

その点、このビジネスは、単なる愛用者でも良いのが特徴です。

「ディストリビューターになっても良いが、今は決断できないので、しばらく考えたい」という方にも、良いお試し期間がもらえるわけです。

主宰企業によっては、購入時に必ず、ディストリビューター登録をするケースもありますが、優良な会社であるなら、その後のノルマも一切ありません。実際、ディストリビューターにはなったが、未だに販売したことが無い…、こんな方も存在します。ビジネスに、参加するのもしないのも自由、ということです。

このように、さまざまな形で参加できることも、このビジネスのメリットと言えるでしょう。逆に選択肢が狭いと、強引な勧誘に見られるように、トラブルが発生しやすいものです。

いずれにしても、関わり方を把握してくことは、このビジネスで成功するためには、必要なことなのです。

ちなみにこのビジネスは、愛用するだけで、キャッシュバックボーナスが入ってくるケースもあります。ビジネスメンバーになれば、一律30％オフで購入でき、その後、購入するごとにキャッシュバックが入ってくるのです。

例えば、通常1万円で販売している化粧品を、ビジネスメンバーなら7000円で購入でき、その後の実績（購入数や購入している年数など）に応じて、さらに現金が返って来る、という仕組みです。

愛用者は、一般で購入する場合に比べ、はるかに安い価格で購入できるわけです。なお、この仕組みは主宰企業によって異なり、このような仕組みを採用していない企業もあります。

第3章

ネットワークビジネスを経営活用する時の重要視点と戦略

1、ネットワークビジネスだからこそ経営ビジョンが必要

何のために導入するかという「導入理念」が不可欠

ここまで、ネットワークビジネスの正当性と、立ち上げのメリットをお話ししましたが、いよいよ「経営活用する時の重要視点と戦略」を、お話しします。具体的な実務に関しては、4章以降で説明しますので、本章ではもっと大局的な話しをしたいと思います。

企業が、ネットワークビジネスを新規事業として立ち上げる時、必ず最初に決めておきたいことがあります。それは、「明確な経営ビジョンを持つ」と、言うことです。これは、社会貢献や雇用の促進といった、一般企業が掲げるものと、同じで良いと思います。

利益を追求するだけでなく、何のためにこのビジネスを行うのか…。これを明確にして欲しいのです。こんなことを言うと、「何をいまさら・・」と、思われる経営者もいらっしゃるでしょう。そうおっしゃらず、どうか、この先の話におつきあいください。

実は、ネットワークビジネスは、いや、ネットワークビジネスだからこそ、明確な経営ビジョンが必要なのです。特に本業をお持ちの方が新たに立ち上げる時、何のために、ま

たは何を目的に導入するのかといった、「導入理念」が不可欠となります。なぜ必要なのか。これから、その理由を三つ、お話しします。

第一に、本書の冒頭から述べている、業界イメージの悪さを払拭する、ためです。

私が、ネズミ講とこのビジネスの違いをあえて説明している、ということは、残念ながら現状では、誤解している方が非常に多い、ということです。

そして、ネズミ講や悪徳マルチ商法、間違った形のネットワークビジネスと、一線を画すためには、スタート時に、しっかりとしたビジョンを決めておく必要があるのです。ここが曖昧だと、「金、金、金」が優先されて、無理な勧誘や販売が、横行することになりかねません。

もちろん、ビジネスである以上、「金」にこだわることは、決して間違いではありません。ただ、ビジョンがあった上で、真摯にビジネスに取り組む。そんな、流れで進めていただきたいのです。

実際、ビジョンを持たずに見切り発車して、またはビジョンだけは素晴らしいが、中身が無い会社が、一時的には売上が上がっても、様々な問題が起こり、失敗したケースもあります。世間の目からすると、「また、ネズミ講の会社がつぶれた」、程度の印象しかないでしょう。未だにつきまとう、悪いイメージを払拭するためにも、経営ビジョンは重要なのです。

第二の理由は、優秀な人材の確保、のためです。

すでにお話ししましたが、日本には1000から2000の、ネットワークビジネスの会社があります。商材はさまざまですが、どうしても、化粧品や健康食品などが中心となるため、はたから見ると、なかなか違いがわかりません。

今の消費者が多くの情報をお持ちのように、ディストリビューターを目指す方々も、多くの情報を持ち、しっかり調べてからビジネスに参加します。単に新しい会社だったり、魅力的な報酬プランや還元率の高さ、というだけでは、食指を動かさない方が増えているのです。こうした方々が、会社を選ぶ一つの基準として、その会社が何を目指しているのか、何を目的にビジネスを展開しているか、ということがあげられます。

私は、個人でディストリビューターを始める方々に対し、収入を得る以外に、何を目的にビジネスを始められるか伺ったり、アドバイスをしています。

それは、自分の夢の実現でも、家族の夢でも、個人としての社会貢献でも、何でも良いと思います。このビジネスは、個人で年間1億円以上を稼ぐ方も珍しくありませんし、権利収入が得られるため、目的を達成できる可能性が、非常に高いからです。実際、明確な目的を持って、このビジネスに参加してこられる方も、いらっしゃいます。

こうした、高い意識を持った方が主宰企業を選ぶとき、経営ビジョンは一つの目安となるはずです。

現実に、「私はこの会社の経営ビジョンが気に入って参加を決めた」と、ディストリビューター登録を、決意する方もいらっしゃいます。明確な経営ビジョンを持つことは、高い意識を持った、優秀な人材を確保するためにも、必要なことなのです。

第三の理由は、組織を正しい方向に導くため、と言うことです。

2章でお話ししたように、ネットワークビジネスの組織は、一般企業のつながりとは別物で、非常に強固なものです。メンバー同士が関わる機会も、非常に多いです。それゆえ、ひとたび悪い噂が出ると、あっという間に広まってしまいます。

例えば、

「あのリーダーは、自分のやり方を押し付けるので好きになれない」

「あの人は調子は良いが、肝心なときに助けてくれない」

といったことです。

一般の企業でも同様の噂話は飛び交いますが、もともと、同じ会社の同僚または上司、くらいにしか思っていないので、傷口はそこまで広がりません。

しかし、ネットワークビジネスは、そもそもが友人知人から構成されているため、感情的な部分が出やすいのです。

誤解しないでいただきたいのは、ネットワークビジネスの組織は、非常に素晴らしいもので、ビジネスモデルとしても高い評価を受けるものです。

ただ、やり方を間違うと、トラブルが広がりやすいということです。そして、全員が同じ方向を向き、一丸となって仕事に取り組むためには、明確な経営ビジョンが必要なのです。

以上3つの、ネットワークビジネス特有の事情、があるからこそ、他の業界以上に、ビジョンが大事になってくるのです。

ここで、明確な経営ビジョンを打ち立て、それを実践している企業の事例を紹介しましょう。

「言っている事とやっている事」が合致してこそビジョンの意味がある

F社は「健康と経済の繁栄」という、ビジョンを掲げています。ここでいう「経済の繁栄」とは、ディストリビューター自身の経済の繁栄、つまり、「彼ら自身が高い報酬を得て欲しい…」、という願いが込められています。

同時に、雇用促進も推進しています。ディストリビューターだけでなく、会社に関わる全ての人々に、経済的な潤いをもたらしたい…という思いです。そのことが、具体的にわかる例が、商品作りです。

同社では商品作りも手がけていますが、効率やコスト面だけ考えるのであれば、機械を導入した方が良いと思います。しかし、雇用を促進するために、あえて人を雇って、手作業で商品作りを行っています。

ディストリビューターとは関係のないところなので、一見すると、効率化をはかっても良いような気がしますが、実はこうしたところにこそ、ビジョンを反映させるべきなのです。

ディストリビューターも顧客も、ここらへんはシビアに見ています。たいそうなビジョンを掲げていても、「言っている事とやっている事」が違う企業であれば、必ずどこかでボロが出て、衰退していくでしょう。

ビジョンを実践していくことは、それだけ重要な意味があるのです。

ちなみに、明確なビジョンを確立した後は、当然、ビジネスに参入することを全社員に伝え、理解を得ることになります。ワンマンな方は、役員等の承認だけで、推し進める方もいらっしゃるでしょう。

しかし、この業界が未だに誤解されていることを考えると、理解とまではいかないまでも、最低限、説明は必要でしょう。

そうでなければ、

「うちの社長が怪しいビジネスにハマった」

という、噂が広まってしまいます。


一社員でなく、会社の代表がハマったとなると、事は深刻です。不信感が広がり、本業にも悪影響を及ぼしかねません。

そうならないためにも、ネットワークビジネスの市場性、将来性をしっかりと把握し、メリットを丁寧に説明する必要があります。そして、なぜ、うちの会社にこのビジネスを導入する必要があるのかを、訴えていただきたいのです。

繰り返しになりますが、このビジネスは諸刃の剣である部分が多く、正しく伝えれば納得が得られますが、中途半端に伝えると、誤解されたまま、マイナスの方向に向かってしまいます。まずは、会社の宝である、社員の方々への説明から、始めていただきたいと思います。

イメージとしては、社長自身が商品の愛用者となり、トップディストリビューターとなるくらいの決意で、熱く、このビジネスを、語っていただきたいと思います。

そして、語るために不可欠なものこそ、「明確な経営ビジョン」なのです。

2、ネットワークビジネスと販売戦略

ネットワークビジネスの販売戦略は、ディストリビューターによるクチコミを、いかに効果的に行えるか、そのための準備と方策にあります。

前の章で、「戦略的クチコミ」と言いましたが、ネットワークビジネスの主宰企業は、ディストリビューターを現場に送り出すまでに、周到な準備をします。しっかりと戦略を立てた上で、ビジネスをスタートさせるということです。

もっとも、現実には、準備もせずに送り出してしまう会社がほとんどですが、私はオススメしません。

なぜ、周到な準備が必要なのでしょうか。

理由の一つは、法的な問題です。ネットワークビジネスの商材には、化粧品、健康食品など、思わず効能効果を、アピールしたくなる商品が多いのですが、やり方を間違えると、法律違反になります。

例えば、医薬品として、承認を受けていない健康食品に関して、「効く」「治る」と言った表現を使うと、「医薬品医療機器等法」に、抵触することになります。

また、「アンチエイジング」など、知らずに使っている言葉は、医薬品以外で使用すると、同法に違反することになります。

知識が無い、または形だけの講義は受けたが、正しく理解していないディストリビューターであれば、この手の失敗を起こしがちでしょう。

商品に対する知識も、曖昧なものであってはいけません。自社の商品だけでなく、競合他社の商品など、業界の動向を十分に把握しつつ、自社商品の特徴と優位性を伝えなくてはいけません。友人の質問に、いちいち考えたり、言葉に詰まっていては、とても相手の理解を得ることはできないのです。

セールストークも、相手の理解を得て、商品の良さを知ってもらうことは、簡単なことではありません。流ちょうに説明し、自分のペースで商談を進めれば、それで良いわけではないのです。

そう考えると、ディストリビューターを現場に送り出すまでの準備段階が、いかに大事であるか、おわかりいただけると思います。

一方で、組織を活用することも、このビジネスを推進する上で重要です。1章で、商談の席に、先輩ディストリビューターを、同席させる例を話しましたが、前出のように、しっかり戦略を立てて臨まないと、単なる「見知らぬ他人」、「いけ好かない他人」に、なりかねません。

同席させる場合は、タイミング（何回目の商談か、最初から同席か途中からかなど）、役割（先輩と後輩ディストリビューターなら、どちらが何を話すのか、など）、誰を同席させるのか（そのディストリビューターの商談に最も適した人など）など、グループ内で十分、検討した上で現場に臨まなければいけません。

本部の立場としては、現場のディストリビューターが、安心して活動できる体制作りも、行う必要があります。例えば、グループが正常に機能しているか、何か行き詰ったり、問題を抱えていないかを、敏感に察知して、対処することがあげられます。

具体的に、グループが集まる機会や場所を提供することも、必要かもしれません。組織が正常に機能していれば、メンバー同士がノウハウを提供したり、体験談を話したり激励したりと、このビジネスならではのメリットが次々と生まれてきます。

一方、販売を推進する方策として、セミナー、説明会、勉強会といったイベントを打つという手段もあり、最初は主宰企業が音頭をとって、すすめていくべきでしょう。その後は、ディストリビューターが中心となって開催し、本部が行うべきセミナーだけは残しつつ、サポートに回ると良いと思います。1対1での商談がベースとなるビジネスですが、イベントと併用すると、より効果が期待できます。

実際、最初の段階で、「○○のセミナーがあるんだけど、一緒に参加しない?」と、友人を誘うケースも少なくありません。一度話をしたが、今一つ、購入に結び付かない友人に対しても、イベント参加は良いきっかけに、なるかもしれません。また、

「商品は購入するが、ディストリビューター登録は考えたい」

という友人にも、イベントは効果的です。

こうした人は、ビジネスに参加しているのは、どんな人たちなのか、知りたいはずです。そして、イベントで新たな発見があれば、登録する場合もあるでしょう。

いずれにせよ、販売計画を立てる際も、ある程度の余裕を持って、計画していただきたいと思います。

このビジネスは、一度、根を張りだせば、ビジネスの芽は着実に育ってきます。桜に例えるなら、花が咲くまでしばらく我慢して、咲く時は一気に満開になる、そんなイメージでしょうか。逆に、早く結果が見たいため、強引に花を咲かせようと焦ると、桜の木自体を、枯らせてしまうことになるのです。

3、ディストリビューターの真の意味

ディストリビューターこそ理想の社員像

ここまでの話で、ネットワークビジネスにおける、ディストリビューターの重要性は十分、理解していただけたと思います。

ここでもう一つ、ディストリビューターの真の意味を、別の角度から、説明したいと思います。この話は、本業を持ち、社員を雇用されている経営者の方だからこそ、わかっていただける話だからです。

中小企業の経営者が悩むことは、社員の給料のほとんどが、社長の営業力にかかっている、ということです。会社や商品に対して、最も情熱を持っているのは社長自身であり、他の役員、社員は、どうしても、後塵を拝することになるでしょう。企業の在り方として、これは、致し方ないことだと思います。

しかし、社長の本音は

・会社や商品に対して社長と同じ情熱を持ち
・自分のために行うことが、会社のためと考え

・自分のために売上を伸ばそうとし
・常に仕事に対して、高いモチベーションを持つ

こんな社員を、一人でも増やしたい、ということでしょう。

ただ、一般的な企業の仕組みでは、なかなか、こうした社員は育ちません。仮に現れたとしても、成果に対する給料などに不満を感じて、転職したり、独立してしまいます。そうなると、また新しい人材を、見つけなければなりません。そしてまた、時間をかけて育て、本人が不満を感じ、辞めていく…この繰り返しです。

これを、長期計画で考え、金銭的にも体力が持つなら話は別ですが、ほとんどの会社は、倒産してしまうのが現状なのです。

何だか、身もふたもないことを言ってしまい、

「それくらい、言われなくてもわかっているよ」

と、話をさえぎられそうですが、実は先ほどの、「社長が抱く理想の社員像」に、限りなく近いのが、ネットワークビジネスのディストリビューターなのです。

すでにご説明した通り、このビジネスは「お金と成果の等価交換方式」を、採用しています。つまり、やればやっただけ、頑張れば頑張っただけ、収入が上がるのです。しかも、

自分をトップにして、傘下の組織を作ることもできます。つまり、ディストリビューターは単なる販売員ではなく、一国一城の主、つまり、皆が事業主としての自覚を持つことができるのです。

人件費という観点からも、企業とネットワークビジネスを、比べてみましょう。企業が社員を雇う場合、業績に関わらず、毎月、給料を払い続けなければなりません。

また、人が育つまでには、それなりの時間がかかります。この間も、給料は払い続けなければなりません。

つまり、言葉は悪いですが、戦力にならないうちから、人件費を払い続け、経営を圧迫するということです。あげくのはて、実力をつけた頃には、転職や独立をしてしまうのです。ディストリビューターの場合、すでにお話しした通り、成果が上がってから報酬を得るという形なので、こうした費用はかからないのです。

さらに、ディストリビューターが、新たなディストリビューターを連れてきてくれるため、一般企業でいうところの、営業社員募集の経費も、一切かかりません。こうしたコスト削減が、利益率を上げるために有効であることは、経営者の皆さまならご理解いただけると思います。

一人三役をこなす貴重な人財

そして、ネットワークビジネスのディストリビューターが、企業の社員と比べて、決定的に違う点があります。それは、一人で「営業部」「宣伝部」「人事部」の役割をこなすということです。

まず、「営業部」はおわかりいただけると思いますので、「宣伝部」を説明します。これも冒頭からお話ししていますが、このビジネスは基本的には広告宣伝を打たないため、クチコミが宣伝代わりになります。つまり、本来は宣伝部が行う仕事を、ディストリビューターが行うわけです。

この2つは何となくイメージがわくとは思いますが、ここで3つ目の「人事部」を説明しましょう。

このビジネスは、リーダーが傘下のディストリビューターに教育をします。また、教育を受けたディストリビューターも、自分の傘下のディストリビューターに教育します。まさに、人事部が行うことを、実践しているわけです。

そして、最大の功績は、「新しい人材を獲得する」ことです。本来、企業の人事部が担当する仕事ですが、ご存知の通り、ディストリビューターは商品を販売すると共に、新たなディストリビューターを獲得することも、仕事です。人事担当の仕事を、最前線でこなしているわけです。さらに、新たに参加になったディストリビューターも、同じく営業・宣伝・人事の役割を担っていくわけです。

先ほどコストの話をしましたが、企業が宣伝にかけるコスト、人材採用に費やすコストも、彼らが動くことによって、抑えることができます。コストもさることながら、宣伝と採用に費やす時間を削減できることも、メリットと言えるでしょう。

このように、耳ざわりの良い話をすると、

「それは、机上の空論ではないか」

とのご批判を、受けるかもしれません。もちろん、ディストリビューターがこの三役をこなすのは、簡単なことではありません。

まずは、教育のシステムを整え、現場に出すまでにしっかりと準備する。そして、ディストリビューターが動き出してから、常に動向をチェック・分析して、サポートを行う。こうした体制が確立されてこそ、真のディストリビューターが育つのです。

いずれにしても、企業にとって、ディストリビューターは単なる販売員ではなく、全員が事業主としての自覚とモチベーションを持ち、営業・宣伝・人事の役割をこなす、貴重な存在なのです。このことは、新規に参入される経営者の方々に、ぜひとも知っていただきたいと思います。

4、すでに世間に浸透している利益分配方式

ユーチューブやネットも方式は同じ

ネットワークビジネスは、未だに悪いイメージが拭えず、下手すると

「得たいの知れないビジネス」

「特殊な業界」

「怖いもの見たさ」

という印象を持たれるものです。興味を持たれる企業が、今一つ参入に踏み切れない原因の一つと言えるでしょう。

しかし、このビジネスが採っている方式は、すでに世の中に浸透しています。つまり、似たような方式をとり、成功を収めている業界がたくさんあるということです。どういうことか、具体的に説明しましょう。

このビジネスは広告宣伝費や流通マージンをかけない分、ディストリビューターに利益を還元する、「利益分配方式」を採用しています。これがあるからこそ、ディストリビューターは、モチベーションを高く持ち、多くの役割をこなしながら、働けるわけです。

そして、この「利益分配方式」は、すでに別の業界で実践されています。

例えば、今、小・中学生の憧れの職業として、上位に入るユーチューバー。一定の再生回数があり、規約にも遵守している動画には広告が掲載され、視聴者がその広告をクリックすると、ユーチューバーに収益が入る仕組みになっています。

つまり、企業側がユーチューブの広告効果を認識し、自社の商品を、ユーチューバーを通して宣伝しているわけです。そして、販売と宣伝に協力してくれたユーチューバーに、利益を分配します。これは、ディストリビューターの力を活用する、ネットワークビジネスと、仕組みは同じです。

ユーチューブだけでなく、インターネット関連では、利益分配方式は広く活用されています。ご存知の方も多いと思いますが、ネットで検索すると、時間を置いて検索した物や場所などの広告が出てきます。

例えば、「コンパクトカー」に関して検索すると、少し時間を置いて、車の広告が次々と画面に出てきます。当然、興味があるので、クリックをし続け、実際に購入に結び付くケースもあります。

当然のことながら、偶然、広告が出てきているわけではなく、一度、「コンパクトカー」と検索したので、検索した人に売り込みをはかるため、広告のページが出てくるわけです。

そして、広告が出るたびに、サイトの運営会社に利益が入る仕組みになっています。

アナログな例も、あげてみましょう。例えば、ある人が家を建てる時、A社という住宅メーカーに依頼したとします。後日、この方の友人が家を建てる時に、「私はA社にお願いしたら、満足のいく家を建てることができた。あなたもA社にしてみてはどうか」と、すすめたとします。

友人がその人の紹介でA社の社員と会い、実際に家を建てたら、紹介した人にはA社から、紹介料が入るのです。家、車など、高額商品には多い手法と言えるでしょう。

ネットの場合もアナログも、実際に報酬が入る仕組みは、さまざまです。ただ、間違いなく言えるのは、どの方式も利益が上がったら、お客を自分の会社に導いてくれたお礼として、利益を分配する、ということです。

何が言いたいかというと、ネットワークビジネスが採り入れている利益分配方式は、「怪しい」ものではなく、世間に十分浸透している方式である、ということです。ネットの広告や住宅メーカーなどは、この方式を表立ってはうたっていませんが、ネットワークビジネスは、逆に、公明正大に行っている。ただ、それだけの違いです。

代理店方式を切り替えるだけで活路が開ける

ところで、この表立った「利益分配方式」、今までも、聞いたことがあるのではないでしょうか。そう、代理店、特約店、取次店などが、これに相当すると思います。実際、商品を販売する手段として、これらの流通ルートを活用した経営者の方々も、多いのではないでしょうか。

代理店、取次店なども、一つのビジネスモデルとして、画期的な手法です。ただ、ネットワークビジネスは、それらと比較しても、優位性を持つ仕組みなのです。代理店を例にとり、実例を交えてお話ししましょう。

ある代理店販売で伸び悩んでいた社長が、私のところに相談に来ました。

「販売店が高齢化し、お客も高齢化している。この先、年金が減ることを考えると、先細りが心配だ」という相談です。私はその方に、ビジネスが定着しない理由と、高齢化によって今後出てくるであろう問題を、あげてもらいました。

ちなみにこの社長は、「代理店」を「販売店」と呼んでいました。

そして、以下が問題点です。

①お客の所得が減ると自社の商品が一番に削られてしまう

②販売店が結果が出るとやめてしまう

③注文が面倒くさい
④販売店との時間合わせが面倒
⑤販売店に遠慮して物が言えない
⑥販売店も高齢化して配達ができなくなる
⑦お金を直接もらいづらい
⑧販売店が動けなくなると売上が減る
⑨ノルマがあるからクリアしないと権利がなくなる

と言ったものです。


この社長は、これらの問題点をあげていくうちに、

「このままじゃダメですね」

と、行き詰った理由に、気づかれたようでした。何がダメか。まず、お客が買いにくい、販売店が動きにくい、ということ。これでは、売上は下がっていく一方です。


商品を気に入ったお客がずっと買い続けるためには、そのお客が収入を増やすきっかけを作らなければなりません。そうでないと、

「買い続けたいけど、毎月出費できるお金には限界があるし」

と、離れて行ってしまいます。消費させるだけではダメだ、ということです。

今さら説明するまでもありませんが、ディストリビューターなら自分が購入するだけでなく、収入も得られるので、商品を買い続けることができます。

販売店が売りにくいということですが、ネットワークビジネスなら、権利収入があるため、少し売れたくらいでやめるという、モチベーションの低い売り方では終わらないはずです。配達や集金に関しても、主宰企業が行ってくれるので、悩む必要はありません。

また、販売店が高齢になるという心配ですが、自分が動きづらくなっても、傘下のディストリビューターが動いてくれますし、前にお話しした通り、ご家族に権利を譲ることも可能です。

お客が高齢になるという心配ですが、このビジネスの特徴の一つに、愛用者やディストリビューターが健康で長生きしやすい、ということがあげられます。商品が、化粧品や健康食品など、美や健康にまつわる物が多いため、愛用しているだけでも、生き生きとした生活が送れます。

さらに、ディストリビューターになれば、多くの方と話し、自分なりにビジネスをすすめていくうちに、高齢であっても生きがいとやりがいが、生まれるはずです。収入が得られることで、自分の夢が実現でき、旅行やショッピングなど、好きなことにお金が使えるようになるはずです。

また、代理店ビジネスは、最初に大量仕入れが必要なケースが多い、という問題もあります。在庫を抱えず、売れた時だけ商品が動く、ネットワークビジネスとの違いは、言うまでもないでしょう。このように、従来の代理店ビジネスが行き詰る問題点を、全てクリアしているのが、ネットワークビジネスなのです。

そして、ネットワークビジネスと代理店ビジネスの明らかな違いは、販売する人が商品の愛用者であるか、単にビジネスとして販売しているか、という点でしょう。これは店員や営業マンと比較した時と一緒の話です。


ここで、経営者の方々に考えていただきたいのは、代理店ビジネスを、ネットワークビジネスに切り替えていただきたい、ということです。

すでに、代理店または似たような方式を採用しているなら、取引条件をそのまま据え置いて、切り替えるだけです。これから、代理店方式を採用しよう、と考えていらっしゃる方には、ぜひともネットワークビジネスを、選んでいただきたいと思います。

第4章

優良本部を作るために、絶対にやってはならない7つのタブー

ここからは、実際に本部を立ち上げる段階の話、に移っていきたいと思います。

具体的な実務の説明に入る前に、「本部を作る時、これをやってはいけない」という、7つのタブーをお話ししたいと思います。

と、申しますのも、

・このビジネスは、この手のタブーが起こりがち
・実際にこういうタブーを犯している、ネットワークビジネス会社が多い
・この手のタブーを犯す会社が、業界全体のイメージを悪くしている

という、事実があるからです。これから本部を立ち上げる方が、過ちを犯さないためにも、この章は重要です。

1、商品のタブー

歴史のある原材料を選ぶことが大事

ネットワークビジネスにとって、商品選びは何より重要です。「初めに商品ありき」と、断言する会社もあるほどです。1章でお話ししましたが、そもそも、ネズミ講との決定的な違いは、商品が存在するかどうかがポイントであり、存在したとしても、商品価値や価格設定まで精査しなければなりません。まあ、存在しないケースは論外ですので、存在することを前提として説明しましょう。

このビジネスの商材として、代表的なのは化粧品や健康食品ですが、こうした商品は、肌のツヤや健康状態などが表に出やすく、ディストリビューターが実体験を伝えやすい反面、しっかりした物を選ばなければ、大きな問題に発展します。

ここで、ある大手化粧品メーカーの話をしましょう。以前、あるメーカーが、美白をうたった化粧品を発売したことがありました。このメーカーは。当時テレビＣＭも数多く打っており、化粧品を使わない方でも、「ああ、あのメーカー」と、わかるほどの企業です。現在も、テレビＣＭを流しています。

ある時、この会社の美白化粧品を使用した女性の顔にシミ（白斑）ができ、その後、化粧品を使用した顔だけでなく、体中にシミが出てきました。

調べたところ、美白化粧品がメラニン色素を破壊し、美白成分が、決して浸透してはいけない血液にまで、浸透してしまったようです。当然、この方は怒り、メーカーに対して訴訟を起こしました。この事件は、ネットワークビジネスの商品選びに関して、一つの教訓を与えました。

「商品は安全・安心を第一に考えなければいけない」

という点です。当たり前のように聞こえるかもしれませんが、大手メーカーでさえ、過ちを犯してしまうのが現実なのです。

特に強調したいのは、化粧品のように体につける物や、健康食品のように食べる（飲む）物は、原材料の歴史が大事である…ということです。歴史があるということは、長い間、人間が食べてきて、問題が無かったという実績になるからです。

残念ながらこちらのメーカーは、あまり歴史の無い原材料を使用したために、トラブルに発展したようです。

つまり、商品を選ぶ時は、昔から身体に良いとされている、原材料を使った物を選ぶのがベストということです。またまた、「当然だろう」、と思われるかもしれませんが、実はこのビジネスでは、商品選びにおいて、歴史の無い、あるいは浅い原材料に飛びつきやすい傾向があるのです。

どういうことか、説明しましょう。

ネットワークビジネスは、愛用者が愛用者を生むビジネスであり、クチコミ中心なので、商品のオリジナリティが問われます。他社と似たような商品や、あまり特徴が無い物では、そもそもこのビジネスで売る意味がありません。リピーターが生まれず、ネットワークが広がらないからです。

だからこそ、主宰企業は新しい原材料、今まで使用されたことの無い原材料に目を付け、商品化を試みるのです。中には、真摯に研究し、真面目に商品化に取り組んだ結果、失敗してしまう例もあると思いますが、やはり歴史のない物は実績がないので、非常にリスクが高いのです。

原材料として、一つ、例をあげてみましょう。あるネットワーク会社は、アロエベラジュースという商品を販売しています。このアロエベラ、実は健康に良い素材として、４０００年前から使用されています。つまり、何千年という歴史が「安全・安心」を証明しているわけです。

ついでと言っては何ですが、この会社も35年という歴史があります。このことは、35年間、同社のアロエベラジュースを愛用し続けている方がおり、同社がこの商材で業績をあげているという、一つの証になるでしょう。

いずれにしても、「歴史の浅い原材料には手を出さない方が無難」ということです。紹介した人に、何か健康被害や肌トラブルがあったら、取り返しのつかないことになります。そもそも自分自身、得たいの知れない商品なんて、口にできませんよね。

もちろん、歴史がないから一概に悪いとは言えませんが、リスクの大きさを考えると、あまりオススメできません。

繰り返しになりますが、「安心・安全」を考えずに、単に新しいだけで飛びついたり、利益率が高そうということで原材料を選ぶと、後々、トラブルに発展し、会社が潰れるだけでは済まないケースもありますので、十分に注意してください。そして、前の章でお話しした「経営ビジョン」が、商品選びの際に生きてきます。明確なビジョンがあるからこそ、安易な商品選びに走ることなく、地に足がついた経営ができるわけです。

「安全・安心」は大前提として、先ほどチラっとお話しした、「オリジナリティ」に関しても、説明したいと思います。

ネットワークビジネスは、クチコミ主体で販売していくため、クチコミに向いている商品を選ぶ必要があります。言い換えれば「語れる商品、うんちくが話しやすい商品」が適している、ということです。

具体的には、原材料の歴史、原材料の効果・効能、原材料が使われている既存の商品（自社ではないが一般的にこんな商品にも使用されている・・など）、商品化に至るまでの経緯、類似商品との違いや自社商品の特徴、といったところでしょうか。

例えば、先ほどのアロエベラジュースですが、文字通り、アロエベラという植物を原料としています。日本では、「アロエ～」として売られている商品は、キダチアロエという植物を使用している場合が多く、アロエベラを使用するケースは少ないのです。このアロエベラとキダチアロエは全く別物で…と、アロエに関しての話はこれくらいにしますが、原材料一つとっても、話の切り口は数多くあります。

逆に、あえて説明しなくても、一般的に知られている原材料であったり、すでに類似商品が出回っている場合は、語る材料に乏しいので、このビジネスには向いていないということです。

いずれにせよ、オリジナリティに欠ける商品は、他社の商品に乗り換えられる可能性も高く、愛用者が生まれにくいので、商材としては不向きと言えるでしょう。

消耗品がベストで耐久品はNG

先ほどお話ししたように、商品選びは、ネットワークビジネスにとって重要なので、もう少し、商品に関するタブーの話を、続けたいと思います。

このビジネスは多くの商品が商材になり得ますが、それでも、向いていない物はあります。私は、基本的に消耗品をススメており、耐久品はオススメしていません。

実際には寝具、浄水器、掃除機、貴金属、健康機器（電子治療器など）等、耐久品を商材にしている会社もありますが、リピートがなかったり、あったとしても次の購入までに時間がかかるなど、いくつか、適していない理由があるのです。

言い換えれば、「権利収入が入りにくい」と、いうことです。

このビジネスのメリットとして、権利収入の話をしましたが、これは、商品がひんぱんに売れて、リピーターが生まれるからこそ、永続的な収入が得られるのです。

しかし、商品の購入が1回で終わると、また、新しい顧客を探さなくてはいけません。これでは、一般的な営業と何ら変わらず、ネットワークビジネスの特性を活かすことはできないのです。

結論として、商品は消耗品が適しており、化粧品、健康食品、入浴関連（シャンプー、石鹸など）、洗剤（食器、洗濯など）、がベスト。耐久品はあくまで二次的な商品、と考えて差し支えありません。

ちなみに、読者の中には現在、耐久品を作っていらっしゃる企業の経営者も、いらっしゃるかもしれません。こうした方にも、もちろん、このビジネスは導入できます。この場合、消耗品と組み合わせながら、展開していくと良いでしょう。後ほどお話ししますが、このビジネスは、商品ラインナップも大事になってきます。多くの商品があれば、営業の際、様々な切り口が生まれるからです。

例えば、耐久品を購入していただいたお客に、消耗品をオススメして、ビジネスにつなげるケースもあるでしょうし、逆もまた、しかりです。

タブーの話をするついでに、最近の商材に関して、少し触れておきましょう。と言うのも、最近、従来のネットワークビジネスでは、あまり扱ってこなかった商材が、出てきているからです。

中でも注目は、エネルギー関連、「電気」の販売でしょう。ご存知のように電気が小売り自由化になり、さまざまな会社が市場に参入してきました。同時に、ネットワークビジネスの商材として、電気を扱う会社も出てきました。このこと自体を悪く言うつもりはありませんが、正直、読者の皆さまにはあまりオススメできません。

なぜ、ススメられないのか。理由の一つは、全ての家庭に行き渡った場合、それ以上、広げることができないからです。

第二の理由として、電気の場合、時代の移り変わりによって影響されやすい、ということです。時代が変わればメリットがメリットで無くなったり、価格競争が激しくなり、各社で差が出ないなど、オリジナリティに欠けるからです。

電気の話を例にとりましたが、他にもガスや、ファイナンス（金融商品、保険商品）などを商材にする会社もあります。こうした商品も、歴史があるかどうか、ネットワークビジネスに適しているかどうか、という基準で考えていただきたいと思います。

最近の話と言えば、1章で紹介したデジタルネズミ講のような、仮想通貨の投資ビジネスや、ＩＴ（情報技術）関連の商材も出てきています。この手の商材も、電気と同じような理由でオススメできませんが、加えて注意していただきたい点が2つあります。

1つ目は、ある程度の知識が必要なので、ディストリビューター自身が理解するまでに時間がかかり、それを友人知人にも伝えにくい、という点です。

2つ目は、仮想通貨のように、社会的に問題となっているビジネスが多い、ということです。できれば、こうした商材は避けていただく方が良いと思います。

商品の話をしたついでに、アイテム数に関しても、ひと言、付け加えたいと思います。このビジネスを立ち上げる場合、理想的には、アイテム数が多い方が良いでしょう。これにより、ディストリビューターがクチこみしやすいからです。

単一商品の場合、友人がその商品に興味を示さなかったり、必要性を感じなければ、そこで話は終わってしまいます。しかし、複数の商品があれば、別の角度で話をすることが可能になります。

例えば、化粧品には興味を示さなかった女性でも、洗濯用洗剤をすすめた時、

「そういえば、うちの洗剤、あまり落ちないから、買い替えようと思ってたのよ」

と、話に乗ってくるケースもあるでしょう。

もっとも、多ければそれで良いわけではありません。理想を言わせてもらえば、ある程度の生活必需品が、１社で揃うという品揃えが良いでしょう。さらに、全ての商品が同じ原材料であったり、同じコンセプトで作られていると、ディストリビューターは説明しやすく、友人に対するインパクトも強くなると思います。やり方として、最初は一品、または少数アイテムでスタートし、将来的に増やすという方法もあります。

アイテム数に関しては、タブーというわけではありませんが、商品に関する話として、紹介しました。

2、報酬プランのタブー

ネットワークビジネスの特徴の一つに、報酬プランという仕組みがあります。ボーナスプランと呼ばれることもありますが、簡単に言うと、主宰会社からディストリビューターに支払われる報酬（ボーナス）を、どうやって決めるかという、仕組みのことです。この報酬プラン、このビジネスにとっては何より大事なものであり、成否を握る鍵と言っても過言ではないでしょう。

一般的なプランとしては、「ブレークアウェイ」「ユニレベル」「バイナリー」「ハイブリッド」「マトリックス」など、いくつかの方式があります。

例えば、「ブレークアウェイ」は、グループの売上を大きくすればするほど、自分の報酬も高くなる方式です。また、ダウンラインが一定のタイトルになると、自分のグループから独立します。

この場合、独立したディストリビューターを育てたボーナスが得られたり、独立したグループの報酬の一部を受け取ることができるケースもあります。ちなみに、「タイトル」とは、ディストリビューターが実績に応じてステップアップしていく、独自の格付けのようなものです。上がれば上がるほど、報酬率も高くなります。呼び方としては、「タイトル」以外に、「レベル」や「ランク」と呼ぶケースもあります。

報酬プランの話に戻りましょう。

「ユニレベル」というプランは、「ブレークアウェイ」のようにグループが拡大すればするほど報酬が得られるのでなく、報酬が得られる範囲が決まっています。例えば、自分から数えて1～6のダウンまで売上げに対し、報酬が得られますが、その下は関係ない、といった感じです。

報酬プランも時代と共に隆盛があり、１９６０年代～90年代までは「ブレークアウェイ」が主流でしたが、最近はシンプルでわかりやすい、「バイナリー」「ユニレベル」のニーズが高まっており、バイナリーとユニレベルをミックスさせた「ハイブリッド」も注目されています。

全ての方式を紹介してもキリがないので、ここらへんでやめますが、ここまで報酬プランに関して説明してこなかったため、一例をあげてみました。正直、どのプランを選ぶかは、目標とする売上、目指す方向性、商品などによって異なります。つまり、ケースバイケースと言えるでしょう。

ただ、報酬プランに関して、絶対にやってはいけないことは、明確にあります。それは、

「上の人だけ、または主宰企業だけが儲かるプランはタブー」

と、いうことです。もちろんこれも、実際にそのような主宰企業が存在するからこそ、あえて警告しているわけです。


実は今、マネーゲーム的な要素を併せ持つ、ネットワークビジネスの台頭が、問題になっています。

マネーゲームが目的なので、純粋に商品の良さを伝えていくという動きではなく、最初に大きなボーナスが得られるものの、その後はなかなか得られません。つまり、いくら人に伝えてリクルートしても、それに見合う収入が得られない、ということです。


この手のビジネスは、プランの呼び名として、

「全く新しい報酬プラン」

「還元率過去最高のプラン」

などと、聞こえの良いキャッチフレーズを、打ち出してくる可能性もあります。

そして、こうした会社が導入するプランは、ゲーム的にグループを作っていかなければ、収入につながらないケースが多いのです。さらに、最初に多く収入が得られますが、うかつに登録すると、後で苦労する仕組みになっています。

報酬プランはこのビジネスの醍醐味であり、上手に活用することで、ディストリビューターのモチベーションを上げることができます。だからこそ、慎重に選んでいただきたいのです。間違っても、一部の人だけ、または主宰企業だけが儲かるプランにしてはいけません。

また、先ほど、どのプランを選ぶかはケースバイケース、と言いましたが、商品や企業の特色によって、適したプランは異なってきます。

時代の主流であるとか、経営者の独断だけで決めず、さまざまな角度から検討し、専門家の意見を採り入れて、決めていただきたいと思います。

3、ノルマと過剰在庫のタブー

ネットワークビジネスの主宰企業の中には、関わると、非常に苦労する会社があることは、前にもお話ししました。こうしたブラックな会社は、ディストリビューターにノルマを課してきます。しかも、それは、一般企業が営業マンに課すような、売上目標とは異なり、このビジネスならではのやり方をとっているのです。

どういうことか、説明しましょう。

先ほど、ランクの話をしました。上がれば上がるほど、商品が安く購入できたり、ボーナスの還元率が上がります。だからこそ、やる気も引き出せるわけですが、問題はこのランクを維持するためのルールにあります。

例えば、Aさんというディストリビューターが、一定の成果をあげて、「シルバー」というランクに昇格したとします。すると、もうワンランク上を目指すことはもちろんですが、この「シルバー」というランクから、降格したくない…という心理が働くでしょう。

この時、会社の定めたルールが

「ランクを保つには月に〇〇万円の売上げをあげなければいけない。下回った場合は、降格になる」

というものだったらどうでしょう。一つ、Aさんの立場になって考えてみてください。
きっと、降格したくない一心で、無理な営業を行うでしょう。しかも、このビジネスの場合、個人の暴走はグループ全体に波及します。ダウンラインにも、無茶な課題をつきつけたり、友人知人への販売や勧誘も強引になるケースがあります。これは、形式上は「ノルマ」とうたっていないものの、実際は
「ランクを維持するためにはノルマがあるよ」
と、言っているようなものです。

タイトル維持のために条件を設定すると、真面目なディストリビューターは、過剰在庫を仕入れてしまいます。在庫を抱えると言うことは、売れていない、つまり実際には売れない商品を、いつまでも自主保管することになりかねません。自宅に在庫を抱えることは、家庭での問題に発展しかねませんし、廃棄することは社会問題になります。

また、今はメルカリ、ヤフーオークション、アマゾンなどで売る方法もありますが、安く買いたたかれるなど、市場価格が破壊され、当然、ネットワークビジネスそのものに悪影響を及ぼしかねません。

いずれにせよ、こうした問題が出てしまっては、ネズミ講や悪徳マルチ商法と、何ら変

わりなくなってしまいますよね。

企業の立場で考えると、

「モチベーションを保つために一定のノルマは必要だ」

「ランクが上がればそれだけディストリビューターにもうま味はある。多少のノルマは仕方ない」

と、いう意見もあるでしょう。

ただ、これではディストリビューター自身が、後々きつくなり、

「やるもやらないも自由ということで参加したが、これでは話が違う」

と、不信感を抱くことになりかねません。

また、先ほど話したように、グループ内のメンバーにも悪影響を及ぼし、組織が悪い方向に向かってしまいます。できれば、ランクを維持するために、ノルマを課すようなやり方は控えていただきたいのです。

ビジネスである以上、ある程度のハードルや競争は必要でしょう。ただ、一般企業のように営業マンにノルマを課すと、組織がギクシャクしたり、本来の自由さが失われてしまいます。つまり、ネットワークビジネスのメリットを、最大限に活かすためにも、目先の利益にとらわれず、長い目で考えていただきたいのです。

4、勧誘と営業方法のタブー

ネットワークビジネスは、ディストリビューターが、友人知人に商品を販売したり、勧誘することによってのみ、収益をあげることのできるビジネスなので、勧誘方法は非常に重要です。主宰企業の取り組み方によって、差が出てくるのもこの部分で、ここを軽んじている企業が、成功した例は一つもありません。

この勧誘において、犯してはならないタブーがいくつか存在しますが、中でも重要なのが、法律の問題です。

健康食品を販売する時、「効く」「治る」と言うと、医薬品医療機器等法（以下　薬機法）に抵触することはお話ししましたが、正確に言いますと、医薬品の承認を受けていない商品なので、病気を改善させると表現することが、認められていない、と言うことです。また、化粧品であっても、「目のクマがなくなる」「シミが消える」などの表現はＮＧとなります。

このように、使って良い言葉と表現、絶対に使ってはいけない言葉と表現が存在するので、ディストリビューターを交え、事前にしっかりと勉強する必要があります。

勉強した上で、商品やビジネスの魅力を伝えていただきたいのです。前にもお話ししましたが、このビジネスは商材として、化粧品や健康食品などを扱う場合が多いため、この薬機法を理解しているかどうかは、大切なポイントとなります。少々、硬めの話が続きますが、法律の話は避けて通れないので、もう少し、おつきあいください。

薬機法と同じく、このビジネスに深い関りを持つのが、特定商取引法（以下　特商法）です。この法律は、経営者の皆さまならご存知と思います。

特商法では、ビジネスの目的を告げずに、アポイントメントをとることを禁じています。お茶を飲むにも、何が目的で、どういう話がしたいから、お茶をしたいのか、事前にはっきりと告げなければいけません。また同法では、不都合な真実であっても、相手にしっかりと伝えることを、うたっています。

例えば、「誰でも成功できる」「簡単に稼げる」といった、誤った情報を伝えてはいけません。逆に、成功する人もいれば、そうでない人もいる。収入を得るためには、それなりの手順と期間を経なければいけない、といったことを正しく伝える必要があるのです。

ビジネスに関わる法律は他にもありますが、まずは、「薬機法」と「特商法」を、しっかり把握していただきたいのです。そして、法律に触れるような、タブーを犯さぬことが、何より大事と言えます。

ここで、

「法律の問題はわかったが、結局は、一般的な訪問販売と同じだろう」

と、いう意見もあるかもしれません。

しかし、このビジネスならではの、起こりやすい法律違反があるのです。

前にもお話ししましたが、このビジネスは友人知人にススメるケースが多いので、初対面の人に話す時に比べ、ディストリビューターが、リラックスしがちです。それは悪いことではありませんが、リラックスし過ぎて、法的な一線を越えてしまうリスクも高い、ということです。

最初は緊張感を持って話していても、そのうちに友人同士の会話になり、うっかり、タブーとなる言葉・表現を使ってしまうケースもあるのです。これは、このビジネス特有の事情であり、十分に注意していただきたいと思います。

また、一人のディストリビューターが犯した法律違反が、主宰企業全体に影響を及ぼすこともあります。実際に、ディストリビューターが違法な行為を行ったことで、業務停止命令が下されたケースがあります。

ディストリビューターに対する教育が、いかに大事かがおわかりいただけると思いますし、教育には、じっくりと時間をかけていただきたいのです。

ひと通り、法律の話をしましたが、勧誘におけるタブーは、法的な問題だけではありません。具体的な営業方法に関しても、タブーは存在します。

主なものをあげると、
①会話の一方通行
②勉強不足
③組織を活かさぬ自己流のやり方
④どんな相手にも同じ勧誘をする単調な営業法
⑤勢いだけで押しすすめる
と、いったところでしょうか。

順を追って説明したいと思います。

①会話の一方通行
初心者にありがちですが、商品説明に熱を入れすぎるあまり、一方的に話しをする方がいますが、言うまでもなくNG行為です。ただ、このビジネスは愛用者が、その体験を熱く語る場合が多いので、ベテランであっても、時々、犯してしまうタブーと言えます。

特に初めての商談では、大前提として、このビジネスに対する誤解を解かなければいけません。この時、相手は聞きたいことが、山ほどあるはずです。質問も受けず、こちらだけが話していれば、商品を説明する段階で「もういい！」と、言われかねません。

愛用者として、語りたいことがたくさんあるのはわかりますが、相手の話を引き出したり、相手から質問するように持っていき、丁寧に答える。そんな流れを身につけていただきたいのです。

②勉強不足

これは、商品に関する知識不足だけではありません。先ほどお話しした通り、法律も知っておかなければならないし、同業他社の商品や動向も、知っておかなければなりません。勧誘を行いながら、勉強するのは大変なことですが、そこはこのビジネス特有の、組織の力を存分に、活用していただきたいと思います。同じグループのメンバーに聞いたり、主宰企業によっては、勉強会を開いている会社もあります。

こうした機会を上手に使える人が、トップディストリビューターになっていくのです。勉強不足の方は、勧誘をしても話題に詰まり、ついつい強引な契約に持っていきがちです。そうならないためにも、日々の勉強が大事なのです。

③組織を活かさぬ自己流のやり方

勉強不足のところでもお話ししましたが、このビジネスは、強い組織力があるからこそ、成長している業界なのです。グループの中には、自分よりも営業力の優れたメンバーがおり、彼らを同席させるだけで、道が開けるケースが多々あります。もちろん、それなりの準備やタイミングは必要ですが、アップラインに同席してもらうやり方は、このビジネスの基本とも言えます。

ところが、自己流で営業し、一匹狼的な要素を持つディストリビューターは、メンバーに頼ることを嫌い、一人で完結しようと試みます。ディストリビューターの中にも、たまに、こういう方がいらっしゃいます。意気込みはけっこうですが、やはりこのビジネスは、組織を活用してこそ意味があります。

また、こういう方は、主宰企業から配られた営業ツール（資料、ＤＶＤなど）も、自分流にアレンジして使用します。アレンジすることは悪いことではなく、改善されていれば良いのですが、自己流を好む方は他人の意見に耳を傾けないケースが多く、改悪している場合が多い物です。

一国一城の主として、気概を持つのは大事ですが、組織の力を活かし、チームとして戦うという、このビジネスの基本を、忘れないでいただきたいと思います。

④どんな相手にも同じ勧誘をする単調な営業法

これも、自己流な方にありがちな、失敗例と言えます。前に、「ネットワークビジネスは心理戦である」とお話ししましたが、営業は相手あってのこと。まして、イメージを払拭することから始めるビジネスなら、なおさら空気を読み、相手に合わせたトークを展開していかなければなりません。

自分の殻に閉じこもり、組織と関わらないディストリビューターは、こうした駆け引きが苦手です。必要性さえ感じていない方もおり、それこそ営業が、「一方通行」になりかねません。空気を読む…と言っても、ひと言では説明しにくいですが、わかりやすく言えば、相手によって営業方法を変える、ということです。

例えば、勧誘する相手が男性と女性では、興味を持つ部分が違いますし、その人の職業、雇用形態などによっても、話す内容が変わって来るはずです。もちろん、年齢もあるでしょうし、自分と同じ年なのか、上か下かでも違ってくると思います。

⑤勢いだけで押しすすめる

これは、ベテランディストリビューターに多くみられます。強引なトークで営業を押しすすめ、相手に質問をさせない雰囲気を作ってしまう、というやり方です。

何だか一般の営業マンなら、知っていて当たり前のようなことを、お話ししているようですが、このビジネスは、ディストリビューターが愛用者であるがゆえに、営業は素人ですし、一方的に話しをしてしまったり、相手が友人・知人であることが多いため、単調な話になることが多いのです。

また、友人相手に営業すると、簡単に売れてしまうケースもありますが、それは『たまたま』、と思ってください。決して営業を軽んじることなく、先ほどの①から⑤のタブーを、しっかり頭に入れて、臨んでいただきたいと思います。

さらに言えば、友人には、商品を購入するだけでなく、ディストリビューターになってもらうという、このビジネスの特性があるため、相手の状況（雇用形態など）を見極めるのは、非常に大切なのです。

どの相手にも、同じような話をすることは、一般的な営業においてもタブーですが、ネットワークビジネスの場合は特に、相手によってトークを変える、柔軟性が求められるのです。

5、リーダーのタブー

ネットワークビジネスの組織において、中心的役割を担う存在が、リーダーです。実際には、自分から始まるグループがあれば、その人はリーダーとなるため、極端な話、自分よりもダウンのメンバーができれば、その人はリーダーとなります。

しかし、大事なことは形ではありません。仕事の中身と姿勢、ダウンメンバーへのフォローなど、全てにおいて模範となる方こそ、真のリーダーと呼ぶべきでしょう。

先ほど、報酬プランのところで「タイトル」の話をしましたが、最高位のタイトルホルダーは、トップ・リーダーと呼ばれるケースが多いです。こうした方は、実績もあり、グループをけん引していくだけの力がある、ディストリビューターと言えるでしょう。

リーダーは、企業に置きかえるなら、管理職のようなものですが、上司とは違います。先輩としてフォローやアドバイスし、共に悩みはしますが、企業のような上下関係は存在しないと言うことです。そして、このビジネスにおけるリーダーが、一般企業の管理職と明確に違う点は、億を稼ぐような人もいるということです。

通常、企業であれば、経営陣が最高の収入を得て、役職が下がるごとに収入が下がるのが一般的ですが、このビジネスの場合、リーダーが主宰企業の社長と同等の、収入を得るケースもあるのです。「一国一城の主」と言うのは、決して、モチベーションだけの話ではありません。実際にビジネスの世界で天下をとれる可能性がある、それだけの報酬を得る可能性がある、ということなのです。

このように、ネットワークビジネスにおいて、重要な役割を担い、見返りも多いリーダーですが、自らの裁量が活かせるこのビジネスゆえに、誤った考えとやり方をダウンに押し付ける、つまりタブーを犯すリーダーも多いのです。

そこで、リーダーの犯しがちなタブーを5つあげてみましょう。

第一に、ダウンのメンバーにノルマとプレッシャーをかけてくるリーダー。

このビジネスの特性として、ダウンの成長が自分の収入に直結するため、売上げや、何人勧誘できたかなど、数字を追いたい気持ちはわかります。しかし、それが、そのメンバーにとって実現可能な数なのか、実現可能な期間なのかなど、十分に見極めた上で話をしなければいけません。

具体例をあげてみましょう。これは現実に起こっている話ですが、ダウンにノルマを課す、困ったリーダーがいるのです。例えば、

「今月中に〇人の新規を作ろう」

などと、プレッシャーをかけてくるのです。リーダー本人は、ハッパをかけているつもりでも、言われたメンバーにしてみれば、プレッシャーに感じるケースが多いものです。

もちろん、目標を立てることは、悪いことではありません。ただ、すでにお話しした通り、実現可能なものかどうかは、しっかり吟味しなければいけません。また、リーダーとダウンの関係性や親密性、目標を立ててもらう時の口調、話しの持っていき方など、細かい部分も十分に注意する必要があります。

例えば一方的で、かつ、高圧的な口調で目標だけを告げるというやり方は、ノルマを課すことに近いものがあります。

逆に、ダウンの現状を把握し、ダウンの考えを十分に聞いた上で目標を立て、ダウンとリーダーが共に頑張るやり方であれば、ダウンのモチベーションもアップするでしょう。

さらに大事なことは、ダウンが営業に失敗した時、どのような対応をするか…ということです。成功を期待していたリーダーなら、皮算用が崩れて、厳しい言葉を言いたくなるでしょう。しかし、リーダーの器が問われるのは、まさにこうした時なのです。

失敗し、落ち込んでいるメンバーの話に傾聴し、労いの言葉をかけてあげられるか。逆に、頭ごなしに失敗を攻めたり、返す刀でメンバーの欠点まで攻めてしまうか。これは、雲泥の差ですよね。理想を言うなら、営業の状況をしっかり聞き取り、同じ失敗を繰り返さな

いよう、的確なアドバイスを送ってあげられると、良いでしょう

第二のタブーは、固定観念を押し付けてくるリーダー。

どの業界にもいらっしゃいますが、この業界にも、自らの価値観を他人に押し付けてくる方がいます。やはり、ベテランの方に多いでしょう。

自信満々に

「このやり方をしておけば間違いない」

「私はこの営業方法で成功してきた」

と、言い切ったりします。

自信を持つのはけっこうですが、こういう方に限って、ダウンの意見を聞かず、自分の意見に口をはさむ人を、批判したり、排除しようとするものです。あげくのはては、ダウンの成功を、「自分のおかげ」と言うケースまであります。

固定観念と言えば、中には、過去の成功例だけにしがみつき、新しい営業法を受け入れない、頭の固い方もいらっしゃいます。

本の冒頭からお話ししているように、時代は確実に変化し、営業方法も営業ツールも変わっています。固定観念を変えられないとしたら、その方はリーダーどころか、このビジ

ネスにも適していないのでは…と思ってしまいます。言い換えれば、モチベーションだけは高いのですが、何のノウハウもないリーダーと言えるでしょう。

この手のリーダーは、自分の考えた無計画なビジョンを、ダウンに押し付ける方が多いものです。

「自分はできたのだから皆にもできる」

などと、ダウンを振り回します。その結果、実績は上がらず、リーダーがダウンを責める。後には何も残らず、ただ人心が離れていくだけでしょう。

第三は、ビジネスとしての付き合いしか考えないリーダー。

ネットワークビジネスは仕事なので、ビジネスライクになることは前提です。しかし、このビジネスは、組織で戦う団体戦であり、メンバー同士がフォローし、助け合うからこそ意味があるということは、すでにお話しした通りです。

これを実現するためには、ビジネス上だけでなく、人間としての深いつきあいをしなければなりません。

ダウンの前職（現職）や家族構成、お子さんの年齢や住んでいる場所なども把握し、ビジネス上で得意なこと、不得意なこと、動ける時間帯、忙しい時期なども把握した上で、一緒に、営業戦略を練らなければなりません。仕事とは全く関係ない、趣味や旅行の話も必要でしょう。

そして、大事なことは、リーダー自身が前職、家族構成、趣味などを語り、メンバーの話も傾聴する、そんな、双方向のやりとりがあって、初めて信頼関係が生まれるのです。営業面においても、リーダー自身が苦労した話、失敗した話を語れるかどうか。これは、その方の度量にかかってきます。

このように、失敗談を語れない方、隠そうとする方…けっこういらっしゃいます。気持ちはわかりますが、弱い部分を見せないリーダーに、なかなか、人はついてこないものです。

また、毎回、報告を強制するリーダーもいらっしゃいます。もちろん、報告は大切ですが、強制するのはいかがなものかと思います。ディストリビューターには、もっと気楽に、自由にさせてあげましょう。それが、このビジネスの良さでもあるのですから。

いずれにせよ、ダウンのメンバーを、商売の頭数としか考えていないリーダーは、ダウンの状況やプライベートには、興味がありません。

それは、ダウンとの接し方、言葉に明確に表れてくるはずです。こんなリーダーには、ついていくダウンのメンバーが、気の毒ですよね。

第四のタブーは、自分が動かずダウンを動かすリーダー。

これは、文字通り、ダウンにハッパをかけるだけかけて、自分は営業活動をしないリーダーです。まあ、全く活動をしないのは極論ですが、自分はあまり動かず、ダウンを動かすことだけに頭を使う方もいるのです。

このビジネスは、権利収入という特性があり、確かに自分が動いた以上の収入を得ることができます。しかしそれは、あくまでリーダー自身が先頭に立ち、営業とダウンへのフォローを続けているからこそ、成り立つ図式なのです。

ダウンは、リーダーの背中を、しっかりと見ています。口だけのリーダー、尊敬できないリーダーの下では、モチベーションが下がり、グループの弱体化がすすむだけです。

第五のタブーは、ダウンに関わる時、勝手に飛び越えて関わろうとするリーダー。

例えば、リーダーの下にAさんがいて、Aさんが勧誘したBさんというディストリビューターがいたとします。通常なら、リーダーがBさんに関わる時、そのことを、何らかの形でAさんに伝える必要があります。それが礼儀であり、このビジネスにおける、組織としての正しいやり方と言えます。そもそもBさんは、Aさんが勧誘したのですから。

ところが中には、Aさんを通さず、Aさんの知らない間にBさんと関わるリーダーもいます。良かれと思ってやってしまうケースもありますが、やはり、Aさんの承諾を得た上で、関わるのが正しいやり方と言えます。ディストリビューターの中には、ダウンのメンバーに対し、「自分以外は関わって欲しくない」、と考える方もいるからです。

このビジネスは、ディストリビューターが新たなメンバーを勧誘するため、メンバー同士のつながりも深く、一般企業とは全く別の人間関係がある…と考えていただきたいのです。そして、それがわからないリーダーは、リーダー失格、と言えるでしょう。

リーダーのタブーに関して、まとめたいと思います。

ネットワークビジネスは「心理戦」です。これは、お客に対してだけでなく、グループ内のリーダーとダウンの関係にも、当てはまることなのです。ダウンの状況や心理を把握し、話しをじっくりと聞いた上でアドバイスができるか、失敗した後のフォロー、成功した後の激励や、さらなるモチベーションアップがはかれるかどうか。それが、何より大切です。このビジネスにおいて、リーダーの役割は、本当に重要なのです。

そして、繰り返しになりますが

「リーダーは、あくまで組織の中の上位であって、上司ではない」

このことを、肝に銘じておいてください。

6、組織のタブー

ネットワークビジネスには、強固な組織力がある反面、悪い噂が広まりやすいなど、危うい面があることは、前にもお伝えしました。「組織は生き物」と言いますが、生き物ゆえに、タブーとされる出来事が起こりがちです。

例えば、少し前にお話しした、悪しきリーダーの存在だったり、メンバー同士が金銭の貸し借りをして、後々トラブルになることもあります。

そして、このビジネスならではの組織のタブーとして、お客の横取りがあります。

例えば甲さん、乙さんという2人のディストリビューターに、共通の友人として、丙さん、という人がいたとします。ちなみに、甲さんと乙さんは、同じ会社のディストリビューターですが、所属しているグループが違います。

同じ時期に、丙さんに対して、甲さんと乙さんがアプローチをしたとして、どちらかが、丙さんを勧誘できた場合、勧誘できなかった方は、不信感を抱く場合もあります。友人知人を中心にネットワークを広げるビジネスなので、このようなケースは起こりやすいのです。

また、個人間のトラブルもさることながら、ここに、リーダーやアップラインのメンバーが関わってくるので、話しはますますややこしくなります。こうなると、甲さんが属するグループと、乙さんが属するグループの、大きなトラブルに発展しかねません。どちらのリーダーも、自分のグループのメンバーに感情移入しやすいため、一歩も譲らない場合が多いのです。

また、お客の横取りと同じように、組織で起こりやすいのが、メンバー同士の悪口、陰口です。これは、違うグループのメンバーだけでなく、同じグループのメンバーに対しても、起こり得ます。

最も多い悪口・陰口は、やはり勧誘に関することでしょう。積極的に営業するディストリビューターは、本来は称えたり、見習う部分があるはずですが、悪意のある捉え方をすれば、「あの人は強引だ」、「相手の気持ちを考えていない」となるでしょう。

逆に、慎重に営業する方に対しては、「押しが弱い」「あれでは新規の顧客を増やせるはずがない」と、なってしまいます。

要は考え方次第なのですが、組織にはさまざまな方がいらっしゃいますし、思うように成果が上がらないなど、心理状態も日々変化しますので、このようなマイナス思考が発生してしまうのです。

さらに、ビジネスライクな付き合いではなく、メンバー同士のプライベートな情報を知っているために、ビジネスとは直接関係ないところで、悪口等が生まれるケースもあります。例えば独身の方から見た、既婚者や、年配の方から見た若い方など、ちょっとしたことで、妬みのようなものが生まれることもあります。

他にも性格があわない、話し方が気になるなど、言いがかりや、逆恨みに近いようなこともありますが、人と人の集まりであり、深い交流を前提とするビジネスである以上、避けては通れない問題なのです。

このように、お客の横取り、勧誘の仕方や、プライベートに関する悪口など、組織には、さまざまな危うさが潜んでいます。そして、最も怖いのは、一度マイナス要素が発生すると、あっという間に連鎖して組織を腐らせる可能性がある、ということです。

実際、つぶれていく主宰会社の中には、組織の管理や運営にしくじり、撤退するケースも少なくないのです。

このへんで読者の方から、

「じゃあ、どうすれば解決できるんだ」

と、お叱りを受けそうなので、説明させていただきます。

組織のトラブルを防ぐために必要なことは、

「企業の理念作り」
「事業スタート前の仕組みとルール作り」
「スタート後の修正機能」

だと、私は考えています。「企業の理念作り」は、すでにお話ししたので、割愛させていただきます。

事業スタート前の仕組みとルールに関しては、

・会社のビジョンを明確にし、メンバーが目的を共有すること
・誰もが納得できる無理の無い報酬プラン
・ディストリビューターを現場に送り出すまでの教育

が大事だと思います。それぞれ、各章で詳しく説明したので、ここではあえて触れません。

そして、「スタート後の修正機能」。これは、

・リーダーを中心としてメンバー同士がコミュニケーションを密にすること
・主宰企業とディストリビューターのコミュニケーションを円滑にすること

だと考えています。

まず、リーダーを中心としたコミュニケーション。これも、今までの章でお話ししてきましたが、リーダーは常にメンバーの動向に気を配り、何か問題が発生した時には、迅速に対処できる体制を整えるべきでしょう。

何度も言いますが、リーダーの役割は、本当に重要なのです。

一方、主宰企業は、タイトルが上の、一部のリーダーだけの意見を聞くのではなく、多くのメンバーの意見を聞いていただきたいのです。特に、模範グループの方々とは、連絡を密にしていただきたいです。

このやり方、決して効率的ではありませんが、ここはあえて、手間をかけていただきたいのです。本当に大事なのは、末端のディストリビューターの意見や不満・・だからです。

なお、企業のコミュニケーションの取り方に関しては、次の「主宰企業のタブー」でお話しします。

7、主宰企業のタブー

7つ目のタブーとして、主宰企業のタブーをあげたいと思います。

これから、新規事業としてネットワークビジネスを立ち上げる経営者の皆さんに、主宰者として、ディストリビューターの方々とどのように関わっていくか、何をしてはいけないか、をお話ししたいと思います。

この業界で古くから言われているのは、

「メンバーが勧誘したメンバー（ディストリビューター）は、アップのメンバーに属しているのであり、主宰企業は深く関わるべきではない」

ということです。

言い換えると、主宰企業がメンバーと親密に関わることを、タブー視されていた時代があったのです。

時代は変わり、今、この考えを基本にしている企業もあれば、古い考えにとらわれず、積極的にメンバーに関わる企業もあり、やり方はさまざまです。ただ、主宰企業にとって、ディストリビューターの方々といかに関わるか、その、距離感や内容は非常に重要です。

そこで、まずは具体的に、どのように関わるのかをお話ししたいと思います。

言うまでもありませんが、このビジネスにおいて、主役はあくまでディストリビューターであり、企業は黒子に徹しなければいけません。企業は商品の受注、在庫管理、配達などの業務面を担うわけですが、これだけで終わってしまっては、このビジネスの可能性を広げることはできません。

最も大事なことは、ディストリビューターとコミュニケーションを密にすること。単に「連絡をとる」のではなく、「コミュニケーションをとる」必要があります。

つまり、事務的な会話ではなく、仕事の悩みだったり、時には仕事に直接関係のない、プライベートな話でも良いでしょう。

ここで、ちょっと考えてみてください。主宰企業の社員は、ディストリビューターにとって、どのような存在だと思いますか？

答えは、共に前線で営業するメンバーとは違う、少し距離間のある存在、ということです。ただ、こうした存在であるからこそ、リーダーやアップのメンバーには相談しにくい話でも、話せる…という利点があるのです。そして社員は、ぜひともそのような存在になっていただきたい、と思います。

コミュニケーションを密にする目的として、現場で起きている問題をいち早く察知して、対処することがあげられます。実務だけに徹して、ディストリビューターとも事務的な会話しかしていないと、問題に気が付かず、手遅れになるケースもあるからです。

売上げアップという狙いもあります。顧客と直接会い、現場で出た要望を採り入れたり、苦情を解決することによって、新しい商品づくりや、効果的な営業方法のヒントが得られるからです。

実は主宰企業の落とし穴として、注文や集金など、実務的なフォローはソツなくこなしていても、肝心の、ディストリビューターとのコミュニケーションを、軽んじるケースが多いのです。

スタート時は密に連携していても、徐々に接する時間も、会話の質（内容）も落ちていく企業が多いようです。やむを得ない部分もありますが、連携することを、決して軽視してはいけないのです。

さらに言うなら、密度の濃いコミュニケーションを、システム化することがポイントと言えます。具体的には、社員とディストリビューターが直接会える機会（セミナー、研修会など）を主宰企業が設定するなど、コミュニケーションがとれる仕組みを、社員の裁量だけに任せず、企業側が作ることが大事でしょう。

別の章で、

「主宰企業の経営者は、自らがトップディストリビューターの気概を持っていただきたい」

という話をしましたが、社員においても、同じようなことが言えると思います。

共に、企業と業界を成長させていくという、運命共同体という考えを持っていただきたいのです。ディストリビューターと社員が、単なるビジネスライクなつきあいでは、その企業の衰退は目に見えています。

最後にもう一つだけ、主宰企業が起こしがちなタブーを、紹介しましょう。

企業の社員は、ディストリビューターとのコミュニケーションを密にするあまり、その社員自身が、ディストリビューターのように振る舞うケースがあります。

これは、明らかに越権行為です。社員はあくまで企業側であり、そのことを決して忘れてはいけないのです。主宰企業の経営者、社員の方々には、ぜひともこのことを肝に銘じていただきたいと思います。

第5章

ネットワークビジネス本部の立ち上げの実務と手順

1、立ち上げの全体構想とスケジュール

最も重要なのは報酬プランの選定

ここから、本部を立ち上げるための実務と手順に関して、お話ししたいと思います。

と言いましても、新規事業を始められる方の現状や、目標などによって内容は全く異なってきますので、いくつかのケースを想定して、説明したいと思います。

なお、シンプルに説明をしたいので、私が、立ち上げを考えていらっしゃる企業に対し、行っているコンサルティング内容を例にとり、お話ししたいと思います。


まず前提として、すでに商品をお持ちの方か、新たに商品選びから始めるかによって、立ち上げまでの全体構想が大きく違ってきます。そこで、わかりやすく「商品ありの場合」と、「商品無しの場合」という分け方をしましょう。


商品ありの場合も、無しの場合も、立ち上げまでのスケジュールとして、私は全8回のコンサルティングを想定しています。

具体的には、まず、現状確認と方向性を決めることから始め、その後、商材の選定や、

お金と成果の等価交換方式の設定などを行います。

その後、ネットワークビジネスを行う企業としての在り方や、オーナーの理念を明確にした後、ディストリビューターの獲得方法や、売上拡大の戦略などを決定していく、といった流れです。

ちなみに、商材の選定に関しては、商品ありの場合、選定する必要はありませんので、その商品に関する売り方やアピールの仕方などを、考えていくことになるでしょう。詳しくは、日本ネットワークビジネス推進機構のホームページに掲載しておりますので、参考にしてください。

コンサルティングの内容は、どれも重要なものばかりですが、中でも私が最重要と考えているのは、報酬プラン（ボーナスプラン）です。

前の章で

「報酬プランはネットワークビジネスの成否を握る鍵」

と話しましたが、プラン作りにしっかり時間をかけないと、このビジネスは成功しません。

ここはあえて、断言したいと思います。

プラン作りの方向性として、

・社長の経営ビジョンに合っているか
・商品の特徴や独自性が活きるプランなのか

ということが、ポイントと言えるでしょう。

ここで、プラン作りを間違っている企業の例を、２つ紹介しましょう。

１つ目は、独自性があり競争力の高い商品を武器に、ネットワークビジネスを立ち上げている企業の話です。社長自身、商品力の高さに、絶対の自信を持たれていたため、ディストリビューターを増やすことよりも、愛用者を増やすことを目標にしていました。

このような話をすると、

「ディストリビューターを増やすことは、愛用者を増やすことと同じことだろう。ディストリビューターよりも、愛用者を増やすという意味がわからない」

という意見が出そうなので、説明させていただきます。

この社長は、

「いきなりビジネスをする人はいないから、まず愛用者を作り、じっくりと良さを浸透させてから、『ビジネスを始めたい』、と思うディストリビューターを増やしていけば良い」と、考えていました。

つまり、同社のディストリビューターが、新たな顧客を勧誘する場合、まずは愛用者になっていただき、その人がディストリビューター登録するのは、ずっと先で良い。あるいはディストリビューター登録せずとも、末永く愛用者でいてくれたらそれで良い、というスタンスです。

ところがこの社長は、報酬プランを決める際、勧誘相手に対し、愛用者になってもらうより、ディストリビューター登録をさせた方が、高い報酬が得られるプランを採用したのです。これは、愛用者を増やしたいという思いとは、相容れないものでした。そもそもこの段階で、社長の思いとプラン選びが異なっているわけですが、さらに話しを続けましょう。

そして、同社のディストリビューターが、新たな顧客を勧誘する場面を想像してください。社長が理想とする営業方法は、

「話を聞かれた方が、ディストリビューター登録するのは二の次。まずは、愛用者として商品を購入して欲しい」

ということですね。

しかし、実際には、ディストリビューター登録させることのメリットが大きいため、ディストリビューターは、

「購入してもらうだけ（愛用者）ではなく、ディストリビューター登録までしてもらわないと、自分の報酬額が大きく違ってくる」

と考え、勧誘時には、強く、ディストリビューター登録まですすめる営業方法をとったようです。その結果、ディストリビューターは増えるものの、強引に話をすすめるため人間関係のトラブルも増え、辞める人が後を絶たない、という結果になりました。

繰り返しになりますが、プラン選びの失敗が招いた結果と言えるでしょう。

この場合、社長自身が最初から、ディストリビューターを増やすこと、を目標に置いていたとしたら、何の問題も無かったでしょう。しかし、社長の目標は愛用者を増やすことであり、その意味では、失敗と言えるのです。おそらく…ですが、ここまでお話ししても、話しが見えない方もいらっしゃるのではないでしょうか。

「いろいろ理屈をつけているが、ようは商品が売れて、売上が安定すれば良いのではな

いか。つまり、ディストリビューターが増えようが、愛用者が増えようが、数字が上がればよいはず。愛用者にこだわる意味が、どうしても理解できない」

と、いう疑問をお持ちではないか…ということです。

よくわかります。正直、非常に説明がしにくい話なのです。

しかし、

「ディストリビュータを増やすこと」と、

「愛用者を増やすこと」は、似ているようで、大きな違いがあるのです。

先ほどの勧誘の場面で、ディストリビューターが、愛用者を増やすことに力を入れていれば、購入した段階で商談が終わるでしょう。しかし、ディストリビューター登録まですすめるとなると、話しは終わらず、勧誘は続くでしょう。

以前にもお話ししましたが、あまりしつこいと、

「商品を買うだけなら良いが、ビジネス登録まで迫ってくるのは気分が悪い。話を聞いて、商品を買う気でいたが、やっぱり商品も買わない」

と、なりがちです。

どうですか、愛用者で良いか、登録まですすめるのかは、全く違った結果になりますよね。誤解のないように申し上げますが、２つのやり方は、どちらが良い、というものではありません。あくまで、その会社、社長のビジョンが大事なのであって、それにあったプランを選んでいただきたい、ということです。

そして、経営ビジョンとプランが異なった場合、ディストリビューターの間に不信感が生まれかねません。

先ほどの社長を例にとった場合、愛用者を増やしたいと言っているのに、結果、数字さえ上がっていれば、何の口出しもしなかったら、ディストリビューターはどう思うでしょうか。

「きれいごとを言っているが、ようは、売上が上がればそれでいいのか…」

と、考えてしまいます。そして、皆が数字だけを追うようになり、組織は烏合の衆となって、やがて、崩壊するでしょう。

大げさに聞こえるかもしれませんが、経営ビジョンと報酬プランがマッチしているかどうかは、それだけ重要なことなのです。

もう一社、プラン選びの失敗例を紹介します。この主宰企業は、力のあるリーダーを作りたいということで、自分よりダウンのメンバーが、自分より上のランクをとった場合、独立するプランを採用しました。

この場合、アップのメンバーは、ダウンのメンバーに独立されると、自分の収入が減るため、独立しないように、ダウンの足を引っ張るようになります。

一方、ダウンのメンバーの立場で考えてみれば、そのようなアップを快く思わないでしょう。これでは、一般企業における上司と部下の関係と、同じになってしまいますね。部下に成長され、自分を越えられては困る上司が、足を引っ張る…という図式です。

その結果、この企業も人間関係のトラブルが多くなり、それに振り回されて売上が上がらなくなったわけです。このケースでは、わざわざ人間関係が壊れるような報酬プランになっているため、最悪の結果を招いた…つまり、プラン選びが間違っていたわけです。

よく、「ネットワークビジネスは人間関係を壊す」という話を聞きますが、私に言わせれば、「ビジネスが壊すのではなく、間違った報酬プランこそが人間関係を壊す」と、言いたいのです。

二つの事例を紹介しましたが、改めてプラン選びが重要であることが、おわかりいただけたと思います。選定は慎重に、時間をかけて、取り組んでいただきたいと思います。

それなりの日数が必要な準備期間

一方で、経営者の皆さまが気になるのは、1回目から8回目まで終わり、事業をスタートするまでに、どのくらいの期間がかかるかということでしょう。

商品ありの場合、トータルで約6か月間とお考えください。

商品無しの場合、最低でも1年間は見ておいた方が無難だと思います。商品の選定や製造を行う場合、やはりそれなりの日数を要するからです。

こうした期間を聞いて「思ったより期間が長いな…」と、感じる経営者の方も、多いのではないでしょうか。

特に

「商品無しの場合はわかるが、すでにある場合はもっと早くスタートできるのではないか」

と、思うことでしょう。

実際、新規事業をすすめるコンサルタント会社の中には、もっと短期間でスタートさせてしまうケースもあるようです。

ただ、何度も話していますように、スタートまでの準備期間は、しっかりと見ていただきたいのです。ここをおろそかにすると、スタート後につまづき、結局は事業から撤退することになりかねないからです。

なお、経営者の方々には、あえて説明するまでもありませんが、当然、この準備期間、収入はゼロとなります。

できれば、それを想定してビジネスに参入し、一定期間、収入ゼロでも耐えるだけの体力を持って、臨んでいただけると幸いです。

ちなみに、全8回のコンサルティングですが、進み具合によって、別の回と同時に進行する（2回と3回の同時進行など）ことも可能です。クライアント様の要望で、ある程度は期間を変更する事も可能ですので、ひと言付け加えておきます。

2、初期にかかる費用と必要な機能

経営者の方々が、準備期間と同じくらい気になっているのが、初期費用でしょう。

「結局、立ち上げるにはいくらかかるんだ？」

というのが、皆さんの本音だと思います。

費用に関しては、それこそケースバイケースですが、まずは、この業界に新規参入する場合で、何の組織（従業員）も持たないケースを想定しましょう。この場合、商品ありなら、最低600万円からスタート、というのが一つの目安です。費用の内訳は、システム開発費、必須書類作成、コンサルティング料などが含まれます。

同じケースで商品も無い場合、製造ロットにもよりますが、最低900万円から、というのが目安となります。なお、商品を製造するための着手金として、費用の1～2割をいただき、納品時に残額を支払うことになります。

次に、既存の組織と商品をお持ちで、ネットワークビジネスに参入される場合は、最低500万円から始めることができます。既存の仕組みをシステム化するため、システム開発費が安くなり、この金額になるのです。

また、すでに主宰会社として、ネットワークビジネスを始めていらっしゃる方にも、システムの見直しに関するコンサルティングを行っています。この場合、コンサルティング料だけなので、費用は要相談となります。

費用の次は、必要な機能の話をしましょう。

まずは、主宰企業の本部スタッフ。これは、社長、営業担当、事務員の3名がいれば、十分です。「たったの3名?」と、思われるかもしれませんが、肝心の営業部隊や、教育担当などは、全てディストリビューターが担ってくれるため、少人数での運営が可能なのです。パソコンも2台あれば、十分でしょう。

もっとも、ここで疑問のわく方もいらっしゃるでしょう。

「本部は受注、配送、集金など、多くの業務をこなさなければいけないはずだ。3名、いや、社長を除けばたった2名で、それらの業務をこなせるはずがない」

という疑問です。ご指摘の通りです。

ただ、私はこうした業務に関しては、アウトソーシングをおすすめしています。今は、カスタマーサービス、受注センターなど、業務を特化した専門の会社があります。

これらは外に任せた方が、かえって感情のトラブルなどなく、スペシャリストであるため、スムーズに仕事をこなしてもらえるのです。本部はなるべく身軽にして、経営に臨むことを、私はオススメしています。

ちなみに、本部が担うべき仕事を、全てあげてみましょう。受注、在庫管理、配達、集金、帳簿付け、ディストリビューターへの報酬支払い、カスタマーサービスといったところでしょうか。そして、全てがアウトソーシング可能なのです。

本部が行うのは、最終チェックのみ…ということです。いずれにしても、雑務は全て本部が行い、社長とディストリビューターには、営業に専念していただくというのが、このビジネスの特徴と言えるでしょう。

ここで一つ、付け加えたい話があります。前章の主宰企業のタブー、のところで、

「企業の社員とディストリビューターはコミュニケーションを密にすること」

とお話ししましたが、

「この少ない人数で、そこまでやる時間と余裕があるのか」

と、矛盾を感じる方もいらっしゃると思います。当然の疑問です。

ただ、だからこそ、多くの業務をアウトソーシングし、本部は身軽にしておく必要があるのです。

そして、前章で説明したように、定期的にイベントを開催するなど、コミュニケーションをとるための仕組みづくりを行うことも、大事でしょう。

少数なので、物理的にコミュニケーションをとる時間は限られますが、効率的に、かつ集中して行えば、問題に対処したり、次の一手を打つことも可能です。

何より社員が、

「ディストリビューターと運命を共にする」

という、高い意識を持つことが、少数精鋭でも成り立つ方式と言えるでしょう。

3、営業をアシストするツールを用意するのも本部の仕事

ディストリビューターの、雑務を担うのが本部の仕事ですが、雑務だけでなく、営業ツールを用意することも、重要な役割と言えるでしょう。クチコミ中心で宣伝広告を打たないビジネスですが、営業に活用するツールは必要なのです。

まずはカタログやチラシ。ディストリビューターが、友人知人に対して、いくら熱心に語っても、初めて話を聞いた友人が、全てを理解するとは限りません。と言うより、理解する必要もないので、話しが見えなくなった時点で、「もういいや」と、興味を示さなくなってしまいます。

こうした事態を避けるためにも、商品の詳細な説明や、ネットワークビジネスの流れがわかる資料が必要なのです。仮に、わかりやすい説明ができる、優秀なディストリビューターがいたとしても、友人がその話を全て覚えているのは不可能でしょう。もちろん、録音する必要も、メモする必要もないので、先ほどと同じように「もういいよ」と、なりかねません。

やはり、ツールを交えながら、自分の言葉で伝えていくのが、正しいやり方と言えます。

商品サンプルも、大事なツールと言えるでしょう。このビジネス、化粧品や健康食品が商材となるケースが多いため、サンプルは作りやすく、すすめられる友人も、気軽に試すことができます。こうしたサンプル品を用意しておくのも、本部の仕事と言えるでしょう。

他にも、ＤＶＤであったり、気軽にダウンロードできる動画など、さまざまな営業ツールがありますが、これらはスタート前に用意しておくべきだと思います。

営業ツールを用意する理由は、４つあります。

１つ目は、すでにお話ししたように、ディストリビューターが営業する上で、武器となるからです。説明することが苦手なディストリビューターであっても、ツールを活用すれば、上手く説明することができるかもしれません。

ツールもなく、対面で話していると、説明しているディストリビューターが緊張したり、言葉に詰まることが多々あります。そんな時、カタログやチラシに目を向けてもらえれば、ひと呼吸置けるし、言葉で説明できないことを、文字によって理解してもらえるかもしれません。

2つ目は、相手が考える時の材料になること。勧誘において、まれに、初めての勧誘で相手が商品を購入したり、ディストリビューター登録までしてくれることもあります。しかし、これは本当に「まれ」です。

相手が求めているタイミングにマッチしたのであって、普通は一度、家に持ち帰り、検討するはずです。それで良いと思います。特に購入するだけならともかく、登録となると、十分に吟味する時間が必要でしょう。この時、何のツールもなければ、吟味のしようがありません。

先ほど申したように、友人はメモも録音もする必要がないため、いざ家に帰って、検討する材料がなければ、なかなか登録には至らないでしょう。

3つ目は、怪しさを払拭するため、です。

どんなに上手い話でも、果たして実態があるのかどうか、相手は疑問に感じるはずです。勧誘しているディストリビューターは、自分の友だちなので信用できても、その友だち自体がダマされているのではないか、と考えるケースもあります。そんな友人に対し、何のツールもなく、言葉だけで語ると友人はどう思うでしょうか。

「どうして、チラシの1枚も無いのか。どうも怪しい。肝心なことを隠そうとしているのではないか」と、思うでしょう。

余計な不安を抱かせないためにも、ツールは大事なのです。

また、カタログやチラシに書かれている言葉、印刷技術、全体の雰囲気なども、友人にとっては判断基準となります。情報過多の時代、一般の人でも、一目見ただけで怪しいか、そうでないかは、何となくわかります。友人に判断してもらうためにも、ツールは用意するべきでしょう。

そして内容は、十分に時間と労力をかけて考え、しっかりした印刷で作成するべきです。そうでなければ、ツールを見せたことが、仇になってしまうからです。

４つ目は、法律やモラル違反を起こさないため、です。

本部でツールを用意しない場合、ディストリビューターが独自に作成するケースがあります。この場合、気を付けなければいけないのは、法律に触れるような言葉、表現が載っていないかどうかです。

何度かお話ししましたが、薬機法や特商法に抵触する言葉や表現は使用してはいけませんが、知識不足のディストリビューターが、こうした言葉を載せてしまうことがあります。しかも、文字で残っているということは、証拠が残っているということです。最悪です。

さらに、法律に抵触しなくても、大げさな表現や、他のディストリビューターを刺激するような言葉など、モラル違反と考えられる言葉・表現を使ってしまうケースもあります。こうした事態を避けるためにも、本部で用意したツールを使用してもらった方が良いでしょう。

以上、営業ツールがなぜ、必要なのかをお話ししましたが、勘違いしていただきたくないのは、ツールはあくまでサポート的な役割であって、大事なのは
「ディストリビューターの生の言葉である」
と、いうことです。

友人は、ディストリビューターが語る商品の使用感や、ビジネスに対する思いが聞きたいはずです。これを忘れてはいけません。

ただ、ツールがあれば、より、営業がスムーズにいくことは間違いありません。営業ツール以外にも、ディストリビューター向けに、報酬プランをわかりやすく説明した資料、営業マニュアル、リーダーがダウンを教育するための教育マニュアル等も必要でしょう。これらも、立ち上げ前に準備しておくべきだと思います。

４、立ち上げ前に必ず決めておくべきこと

本部立ち上げ前に決めておくべきこととして、経営ビジョンの確立、商品が無い場合は商品選びなどがありますが、これらに関してはすでにお話ししてきましたので、省略させていただきます。

また、前章の「7つのタブー」では、「ノルマや過剰在庫」「勧誘と営業方法」「組織」「主宰企業」のタブーと共に、それを犯さないためには、どのようにすれば良いかも書きました。これらもほとんどが、立ち上げ前に行っておくべきことなので、参考にしていただければと思います。

ただ、今まで話していないことで、立ち上げ前に主宰企業にやっていただきたいのは、情報を開示することです。具体的には、このビジネス専用のホームページを立ち上げていただきたいのです。

そして、そのページに経営ビジョン、商品の説明、その会社のネットワークの仕組み、イベント情報（セミナー、勉強会など）などを掲載し、随時、更新するのが良いでしょう。

ホームページなど、どの企業も作っていますが、このビジネスの場合、業界特有の事情か

ら、その存在は重要となります。

世間から社会的な信用を得ることや、愛用者やディストリビューターになる前の一般消費者が、判断基準とするためにも、質の高い内容に作り込む必要があるのです。今、ネットワークビジネス関連で、さまざまなホームページがあります。

しかし、中には大変、怪しげな内容だったり、肝心なことは何一つ掲載していないサイトもあります。チラシやカタログと同じように、今の人はサイトを見ただけで、その会社が怪しいか、真面目にやっているのか、ある程度、判断はつきます。だからこそ、ホームページ作りと、その後の更新には重要な意味があるのです。

以上。この章では、立ち上げ前の実務と手順に関してお話ししましたが、それらを行うためには、この業界に精通している、コンサルタント会社のアドバイスが不可欠です。

あえて

「この業界に精通している」

と申したのは、実は業界に詳しくはないが、受発注、物流、販促ツール作成などに詳しい会社が、ネットワークビジネス立ち上げの、サポート会社として存在しているからです。

もちろん、それらの会社もそれぞれの分野においてスペシャリストであり、的確なアドバイスができるかもしれません。しかし、この業界は独特な事情が数多くあり、実際にビジネスを経験しなければ、アドバイスができないことはたくさんあります。

読者の皆さんには、コンサルティング会社の経歴や実績も、しっかり精査した上で、立ち上げに臨んでいただきたいと思います。

ちなみに、現在、ネットワークビジネスを立ち上げるための、システム作りをサポートする会社は数多くあります。ただ、立ち上げ後のサポートまで、手がけている会社はほとんどありません。

手前味噌になりますが、私共の会社では、「立ち上げ後こそ大事である」、と言う考えのもと、立ち上げ前から立ち上げ後まで、全てをサポートしています。

第6章

個の時代が、ネットワークビジネスを本格成長させる！

1章から5章まで、ネットワークビジネスの現状、メリット、実務などをお話ししてきましたが、6章では、なぜ今、私がこのビジネスを推進するのか、あえて「今」にこだわり、お話しをしたいと思います。

実は令和元年の今こそ、企業にとっても、個人にとっても、ネットワークビジネス参入のチャンスなのです。それは、このビジネスにとって、時代が追い風となっているからです。

5章まで読んでいただいて、それでも、参入に二の足を踏んでいらっしゃる方には、ぜひとも、知っていただきたい事実です。また、参入に興味を示された方にとっても、この章は、決定打となるでしょう。

それではここから、具体的に何が追い風となっているのか、説明していきたいと思います。

1、個が活躍し、光る時代が到来

自立した個人には多くの舞台が用意されている

ネットワークビジネスが、日本で誕生したのは1960年代。和暦で言うなら、昭和の時代です。昭和、平成と続き、いよいよ時代は令和となりましたが、その間に、企業も個人も、大きな変化を遂げてきました。ひと口に変化と言っても、さまざまな事象があると思いますが、その中で、私が注目しているのは、

「個が活躍し、光る時代」

になったということです。

そして、これこそが、ネットワークビジネスを本格成長させる、大きな要因となるはずです。

まずはオーソドックスに、国と企業という視点から、お話ししましょう。

今や国の借金は1100兆円ともいわれており、年金制度も破綻寸前です。一方、企業においても終身雇用、定期昇給などは、死語となりつつあります。昔は禁止していたサラ

リーマンの副業に関しても、解禁する会社が増えてきています。

見方を変えれば、国や企業が頼りにならず、自分の収入や人生は、自ら切り開いていく時代に入ったと言えるでしょう。

これを、「大変だ」と思うのか、「チャンスだ」と思うのかは、人それぞれです。

ただ、間違いなく言えるのは、自ら頑張ろうと考える自立した人には、多くの舞台が用意されている、ということです。

また、日本において、長く続いた学歴社会、横並び発想、接待営業などは、今や通用しません。こうした慣習は、日本人にはマッチしていたのかもしれませんが、外資系企業が次々と日本の市場に参入し、グローバル化が進んでいる今、もはや時代遅れと言えるでしょう。

総じて言えるのは、

「今こそ個人が自立し、自らの意思で動く時代であり、個性を光らせることができる時代である」

ということです。

何が言いたいのか、皆さんならおわかりでしょう。ネットワークビジネスこそ、個が活躍し、輝けるビジネスなのです。

・やればやっただけ収入が稼げる
・自らが個人事業主として自覚を持った仕事ができる
・学歴も勤続年数も関係なく誰でも始められる
・自分のアイデアと行動力を、ビジネスにダイレクトに反映させることができ、それが収入に直結する
・場所と時間を選ばず好きな時、好きな場所で仕事ができる
・個人で、億を超える年収を得ることが可能であり、個人の夢を実現することができる

これらの要素を併せ持つ、このビジネスこそ、「個の時代」にふさわしいビジネスと言えるでしょう。

個人のライフスタイルが劇的に変化

「個の時代」を語る上では、個人のライフスタイルが変化したことも、見逃せません。平成以降、最も際立ったことは、個人の情報発信でしょう。これは、パソコンやスマートフォンなど、情報機器が進化し、生活に根付いてきたことが背景にありますが、ブログ、フェイスブック、インスタグラム、ユーチューブなど、一個人がさまざまな形で情報発信できるようになったことも、大きな要因と言えます。

昔、「一億総タレント時代」などという言葉がありましたが、いまや、全員がメディアを持つ、「一億総メディア時代」と、言えるかもしれません。これは、見方を変えれば、メディアを使ったクチコミが、広がってきたともいえるでしょう。

「この前、話題のラーメン店○○に行ってみたけど、評判通り美味しい店だった」

「今、××社の△△スピーカーを使っているけど、メチャクチャ音がいい！」

など、毎日、いろいろな情報が飛び交っており、情報機器を使えば、簡単に発信できる時代になったのです。

このことは、ネットワークビジネスにも、大きな影響を与えました。今の人、特に若い世代にとって、人の話に耳を傾けることが、日常化してきたからです。

クチコミを成功させるための大事な要素は、こちらの話に耳を傾けてもらうことです。

しかし、昔は人と人が直接会うか、電話くらいしか耳を傾ける手段が無く、耳を傾ける機会そのものが少なかったのです。

今はどうでしょう。皆、毎日のようにスマートフォンをチェックし、友人や、あるいは見知らぬ他人の意見にまで、耳を傾けます。耳を傾けるという生活は日常化してきたので、あとはどのように、商品の良さを伝えていくかを、考えるだけです。いずれにせよ、クチコミが当たり前の時代になった今、このビジネスにも追い風が吹いているのです。

ちなみに、情報機器の話をしたので、ディストリビューターの、情報機器活用術についても、少し触れておきたいと思います。

前にもお話しした通り、ネットやＳＮＳなどは、営業する上で大きな武器となりますが、営業する上では、あくまで、サポート的な役割と考えていただきたいのです。具体的には、まずは、最初の商品とビジネスの説明は、実際にお客と会って、対面で行うこと。その後も、契約などの大事な場面はもちろんのこと、定期的に会って、直接会話することが重要と言えます。

ネットやＳＮＳは、その合間に、上手に活用すると良いでしょう。例えば、事務的な連絡だったり、会うまでもない連絡事項であるなら、逆にネットなどの方が、相手にも負担にならないと思います。

ネットワークビジネスの基本は、対面で、直接会話すること…。このことは、肝に銘じておいてください。

少し話がそれましたが、今は、ライフスタイルの変化によって、人の話に耳を傾けることが日常化し、クチコミに触れる機会も増えてきました。だからこそ、ネットワークビジネスのような形態が、注目されているのです。

また、プライベートを大事にする人が増えてきたのも、このビジネスの、プラス材料になっています。会社の飲み会や、上司とのつきあいにしばられることなく、仕事が終わったら早々にひきあげ、友人と会ったり、趣味や習い事に没頭する。これが、良いかどうかは別として、そのようなライフスタイルを、貫く人が増えています。特に、若い世代に多いでしょう。

実際、テレビ、映画、ネットなど、娯楽も多様化し、自分の時間を楽しもうと考える人にとっては、多くの選択肢が用意されています。本業はそこそこにして、自分の時間を楽しみつつ、あいた時間に副業で稼ぐ。こうした考えを持つ人にとって、ネットワークビジネスは、最適の仕事と言えるでしょう。

なお、個人が輝くという話をしたので、あえて、このビジネスには向いていない方も紹介しておきましょう。それは、

「今よりも健康になりたい」

「若々しくなりたい」

「今よりも、より良い人生を歩みたい」

という考えを、持っていない方です。

言い方を変えれば、あまり前向きな生き方を好まないか、現状維持で良し、とする方でしょう。残念ながら、こうした方は、ネットワークビジネスには向きません。

もちろん、生き方は人ぞれぞれですので、何も否定するつもりはありませんが、あくまで、このビジネスには不向き…ということです。なぜなら、今よりも良くなりたいために商品を購入し、それを流通させることが、このビジネスのスタートだからです。

この話も、ディストリビューターを新規で獲得するには、知っておかなければならない事実ですので、説明させていただきました。

2、先入観を持たず柔軟な考えを持つ若い世代

「良い物は良い」と考える柔軟な発想

私は、仕事やプライベートで毎日、いろいろな方とお会いしますが、最近、特に感じることがあります。それは、

「今の若い人は、ネットワークビジネスに対して、ネガティブな先入観を持つ人が少ない」ということです。と言うよりも、このビジネスについてあまり知らない人が多い、といった感じでしょうか。

特に、政治家などにお会いすると、顕著です。中高年以上の政治家の方々は、それこそ、昔のネズミ講や悪徳マルチ商法と同じイメージを持たれ、未だにこのビジネスを、色眼鏡で見られる方が多いのです。

ところが、若い政治家の方々は、こちらが驚くほど、理解を示してくださるケースがあります。悪いイメージなどなく、逆に「面白い」とか、「時代に合ったビジネス」と、評価してくださいます。

私が、「今こそネットワークビジネス」と語る、大きな要因として、このように、若い

世代がこのビジネスを正しく理解している…という背景があげられます。

もちろん、全員が正しく理解している、というわけではないでしょう。

しかし、ネットワークビジネス、と聞いただけで、

「ああ、もうその話はけっこう」

と拒否する人は少なく、逆に、多くの方が耳を傾けてくださる、というのが私の実感です。

政治家だけでなく、若い世代は総じて、理解のある方が多いと思います。年齢で言うと、40代以下の方々は柔軟な考えをされており、若くなればなるほど、先入観が無くなっていると感じます。


ここで一つ、誤解のないように説明しておきます。冒頭から、この業界の悪いイメージを繰り返し説明してきたので、いきなり、

「理解のある人が増えてきた」

と言われても、皆さんは違和感を感じるでしょう。そこで、現在の業界に対するイメージを、少し整理しましょう。

結論から言いますと、この業界は依然として「悪」のイメージが強く、大半の方が誤解をしていらっしゃいます。

しかし、若い世代に先入観を持たない方々が増えてきたり、国や企業が頼りにならないことで、このビジネスが注目されるようになり、少しづつ、理解者が増えている…といった感じでしょうか。まだまだ、理解者はほんの一部ですが、これから、さらに増えていくと思います。

若い世代の話に戻りますが、彼らは昔のネズミ講事件のような、この業界に悪影響を与えた事件を知らない…世代でもあります。つまり、知らないからこそ、変な先入観を持つこともないのです。

しかし、それ以上に大事なことは、

「既成概念にとらわれない」

という、柔軟性ではないでしょうか。

従来の考えや価値観に左右されず、「良い物は良い」と考える、柔軟性です。彼らが柔軟な考えを持つようになったのは、年金制度の破綻、終身雇用の崩壊、副業の解禁など、従来、「当たり前」とされてきたものが、当たり前でなくなってきたという、時代背景があると思います。

柔軟になったと言うよりは、柔軟にならざるを得なかった…と言うべきかもしれません。

特に、仕事に関しては、昔の常識は通用しなくなっています。

「大手企業に入社すれば安心」

「正社員になれば一生、生活の心配はない」

などという、常識です。

こうした時代において、若い世代が考えるのは、企業名などのブランドでなく、

・働けば働くだけ、収入のある仕事
・自分の裁量で決められ、自由度の高い仕事
・一生、安定した収入が得られる仕事

と、いったことでしょう。

そして、全てに当てはまるのがネットワークビジネスなのです。

独自の方法で人脈やネットワークを広げる

ここで、若い世代を、別の観点からも考えてみましょう。会社の飲み会に参加しないなど、人づきあいが苦手…とされる世代ですが、正確に言うと、既成の付き合い方には興味がないが、情報機器等を使って、独自のつきあいをしているようです。

例えば、LINEやフェイスブックなどは、知り合いの知り合いという形で、友だちの輪が広がっていきます。ある日突然、全く知らない人と、やりとりすることもあります。これは、昔は考えられなかったことです。

逆に言えば、今の若い世代は、他人とコミュニケーションをとること、言い換えれば「つながる」ことに慣れており、意見交換することも、日常茶飯事になっています。つまり、ネットワークを構築することに長けており、見知らぬ他人とも、何度か意見交換することで、徐々に心の垣根がとれてくるのです。

このビジネスは、友人知人にすすめるのが基本…という話を繰り返ししましたが、どんなに社交的な人でも、広げられる人脈は限られてしまいます。

実際に会えば、広げられるかもしれませんが、一人が会う時間と人数には、限りがあるからです。その点、情報機器を使いこなしている世代なら、自分なりの方法で、独自に人脈を広げることができます。

そして、お互いにスマホなどを通して、事前に意見交換をしているので、初対面でもスムーズに会話ができるのです。情報機器を使いこなすのは、若い世代でなくてもできますが、若い世代は勧誘する側もされる側も、日常生活にスマホなどが根差しているため、比較的スムーズに使うことができ、ビジネスにも活かせるのです。

ここで、疑問を持つ方もいらっしゃるでしょう。

「そう都合よくいくのか？ 今の若い世代は、スマホでやりとりするのは得意でも、実際に会って話をするのは苦手だろう。このビジネス、実際に会わなければ成り立たないはずだ」と、いう疑問です。おっしゃる通りです。

ただ、今の若い方は、不特定多数の人と会うのは苦手であっても、趣味が同じだったり、意見が合うとわかった場合は、打ち解けるケースが多いのです。

会社の飲み会は行かないが、趣味の会なら喜んで行く…といった感じでしょう。そして、打ち解けるための手段として、情報機器が大いに効果を発揮するわけです。

このビジネス、話しが上手だったり、社交的であることが、成功の秘訣とは限りません。もちろん、上手で社交的に越したことはないですが、例え伝えるのが下手であっても、愛用した感想を素直に伝えることができれば、自然と商品は売れていくはずです。

また、前にお話ししたように、このビジネスは強い組織が売りであり、ディストリビューターの未熟な部分は、リーダーなど、同じグループのメンバーがカバーしてくれます。企業とは違った人間関係ですので、従来型の会社づきあいが苦手な若い世代にも、適しているはずです。

まとめますが、ネットワークビジネスに関する偏見が少なく、仕事に関して柔軟な考えを持つ若い世代は、このビジネスに向いている…ということです。

さらに言うなら、この世代は、プライベートな時間を優先する方が多いので、自由度があり、自らの裁量が活かせるこのビジネスに、適していると思います。

3、日本の景気回復の原動力に

私が、ネットワークビジネスの普及を促進する理由は、イメージの悪さを払しょくすることもさることながら、このビジネスの可能性に期待しているからです。
と言うのも、このビジネスには「日本の景気を回復させる」だけの力があるからです。

またまた、「今度は何の話？」と、首を傾げられそうですが、詳しく説明しますので、おつきあいください。

統計によると、家計の金融資産は１８００兆円と言われています。ちなみに、家計の金融資産とは、各世帯が保有する現金、預金、株券、投資信託…などのことです。つまり、それだけ世帯自体に、資産がある…ということなのです。

しかし、経済の見通しが悪く、先行き不透明な時代では、

「もしもの時に備え、お金は貯めておこう」

となるでしょう。このように、人々が蓄えたままで消費しなければ、経済は活性化されません。これでは景気は後退するか、せいぜい、停滞止まりでしょう。

一方で、平均寿命も延びており、将来への不安はますます高まっています。

「この先、何らかの理由で収入が途絶えたら、生活できなくなる」
「高齢になったら、働き口がなくなるのではないか」
と、不安に思う方は、大勢いらっしゃると思います。つまり、皆さんが心配されるのは、収入がなくなり、蓄えを使うだけの状況、に陥ることだと思います。

ここで、先ほどお話しした「権利収入」が、クローズアップされます。継続的な収入が保証されるのであれば、人は安心してお金を使うはずです。人々がお金を使い始めれば、経済は活性化します。企業も潤い、社員の給与も上がって、さらなる消費が期待できるでしょう。

このビジネスは、個人で言うなら、子育て中の主婦、副業をしたいサラリーマン、定年退職者、なかなか仕事が見つからない高齢者など、あらゆる方が始められるビジネスです。彼らが仕事を始め、収入を得て消費する。これこそ、経済の活性化が期待できる、図式と言えるでしょう。

また、今までの売り方では行き詰っていた企業にとって、このビジネスは、全く新しいアプローチで顧客を開拓することができます。将来が不安で、お金を使わない方は多いですが、相手の心に届く方法でじっくりと話し、納得を得られれば、財布の紐も自然と開いていくからです。

先ほど、将来に備えて個人が蓄えを使わない、という話をしましたが、一方で企業の内部留保も問題となっています。不況など、万が一に備えて資金を貯めこむわけです。個人の考えと、よく似ています。こうした内部留保も、企業の業績が回復し、なおかつ安定すれば、自然と少なくなり、お金が出回るでしょう。

いずれにしても、ディストリビューターを増やし、ネットワークを広げる際に、収入面やビジネスの特徴を伝えるだけでなく、「景気を回復させる」という、「大義」も伝えていただきたいのです。このことは、ビジネスを展開する上で、大変、重要なことなので、ぜひとも覚えていて欲しいと思います。

「大義」の話が出ましたので、続けて、「高齢化社会・長寿社会を下支えする」という話をしたいと思います。

もちろん、ネットワークビジネスには、それだけの力がある、ということです。先ほども少し触れましたが、ディストリビューターが高齢になっても、現役バリバリで働いていれば、病気とも縁遠くなるでしょう。そうなれば、増大した医療費を、削減することにつながります。

少々、飛躍した話に聞こえるかもしれませんが、高齢者が老いていく要因の一つとして、他人とコミュニケーションをとらなくなり、話すという行為自体がなくなる…ということがあります。まあ、これはある意味、自然の摂理と言えるでしょう。

仕事をやめれば人と会うことも、話す機会も少なくなります。また、年をとれば友人が病気になったり、歩けなくなって、会いづらくなることもあります。当然、亡くなる友人もいらっしゃるでしょう。

普通に生きていれば、なかなか交友関係は広がらないし、どうしても同世代の人としか関わらなくなります。その点、このビジネスを始めれは、さまざまな年齢層の方々と交流がはかれます。

友人知人なので、自分のグループは年齢的に差が無くても、勉強会やセミナーに参加すれば、若い方々の話が聞け、交流もはかれます。何より、しゃべらなくては始まらない仕事なので、毎回、頭を回転させて、自分なりのセールストークを展開するようになります。言い換えれば、日々、自分を磨く生活を送る…ともいえるでしょう。

このように、高齢の愛用者やディストリビューターを増やすことは、彼らが元気になることであり、医療費の削減や、要介護者の減少に、ひと役買うはずです。

ここまで、「大義」という、大きな話をさせていただきましたが、ネットワークビジネスには、それだけの力と意義がある、ということを、頭に入れていただきたいと思います。

4、AIが進化する未来こそネットワークビジネスの出番

愛用者が愛用者を生むビジネスはAIにはできない

ここ数年、時代の変化と共に、「将来無くなるであろう仕事」が、ネットや紙媒体で取り上げられるようになりました。中には、「経営コンサルタントが無くなる」、という記事もあり、ここは、苦笑いするしかありません。

こうした記事では、現在起きていること、また、将来起こり得ることを予測しています。そして、大きな流れとして、ＡＩ（人工知能）の進化が人間の仕事を奪う、という予測が目立ちます。

ＡＩと言うと、何か、遠い将来のように感じるかもしれませんが、現実には機械やコンピューターの進化によって、多くの仕事が奪われています。

わかりやすい例で言いますと、鉄道で切符を切る仕事は、ほとんど自動改札に代わりましたし、警備員の代わりに監視カメラを設置し、警備の人間は不要で、本部で待機する人間だけいればよい、というケースも出てきました。最近は、銀行の対人業務もＡＩ化が進んでおり、車も自動運転が試される時代になりました。これから、ドライバーの仕事も、減っていくかもしれませんね。

前置きが長くなりましたが、皆さんの関心は、

「ＡＩの進化はネットワークビジネスとどんな関係があるのか」

「ＡＩが進化しても生き残れるのか」

と、いったことでしょう。

結論から申しますと、

「ＡＩが進化しても、ネットワークビジネスは無くなりません」

なぜ、無くならないのか。理由は、

「愛用者が愛用者を生むこのビジネスは、ＡＩにはできない」

からです。

当然のことながら、化粧品や健康食品を、コンピューターやロボットが使う必要はありませんん。また、単に化粧品等を売るだけなら、ロボットにもできるかもしれませんが、使用した感想を伝える、と言うこのビジネスは、生身の人間にしかできないからです。

つまり、
・ディストリビューターが愛用者であること
・使用した実感を言葉と見た目（肌の状態など）で伝える

というビジネス特性は、これからの時代、さらに重要になっていくということです。

もっとも、今やロボットの受付嬢がいるくらい、技術の進歩は目を見張るものがあります。将来的には、人間と変わらぬ肌で、健康状態が日々、変わるロボットが開発されるかもしれません。

しかし、クチコミを重視するこのビジネスは、ロボットには無理です。例えたどたどしい説明であっても、実体験を率直に語ることが大事なこのビジネス、その場の空気や相手の状況を読んで商談するこのビジネスは、やはり、替えがきかないからです。

もう一つ、このビジネスがＡＩにはできない、大きな理由があります。それは、新たなディストリビューターを獲得する、ということです。

相手の話を傾聴し、タイミングを見はからい話を切り出す。相手の誤解に対して丁寧に答え、疑問を一つづつ、わかりやすく説明する、といったやり方は、プログラミングされた機械では、決して真似のできないテクニックです。

何より相手は、勧誘したディストリビューターを信頼するからこそ、自分も登録するわけで、これは人と人の間でしか生まれないからです。

少々、飛躍した話になりましたが、AIが台頭するこれからの時代にあって、ネットワークビジネスの存在感が増していくことは、間違いないでしょう。

営業を生業とする全ての方々の解決策になるネットワークビジネス

ここで、もう一つ、AI関連の話をさせていただきます。

ネットワークビジネスだけでなく、もう少し広げて、「営業の仕事はAIに奪われるかどうか」を、考えてみましょう。

先ほど紹介した、「将来無くなる仕事」の記事の中には、「営業はなくならない」といった記事もあります。

しかし、単に「物を売る」という視点で考えた場合、自動販売機、ネット販売など、今までどれだけ多くの機械、コンピューターに、営業の機会を奪われたことでしょう。もちろんこれらは、素晴らしい営業手段やシステムですが、人間の仕事が減ったことに、変わりありません。

つまり、単なる営業…というと失礼にあたるかもしれませんが、人間でなければできない、コミュニケーション力や、空気を読むことが必要な営業でなければ、わざわざ人間が行う必要はない、と言うことです。ここで、反論も出てくるでしょう。

「販売と営業は違う。販売するだけなら機械でもできるが、最初の入口である営業は、ロボットにはできない。仮に感情の無い営業ロボットができても、人間が相手をするはずがない」

と、いう反論です。なるほど、一理あると思います。

そこでこの本の、少し前に戻って思い出してください。３章の、世間に浸透している利益分配方式のところで、「コンパクトカー」と検索すると、広告が次々と出てくる、といった話をしました。今は、この検索だけで、購買に結び付くケースが珍しくないのです。安価な商品なら、そのままネットで購入することもあります。

どうでしょう。このケース、生身の人間が全く介在せず、コンピューターだけで、完結する例と言えませんか？

こんな話をしますと、

「結局、何が言いたいんだ？　細かい営業テニクックが必要な、ネットワークビジネスだけが生き残ると言いたいのか？」

と、お叱りを受けそうですが、ある意味正解であり、不正解です。

従来型の営業方法では、ＡＩにお客を奪われることになるが、ネットワークビジネスは、生き残ることができる…という意味では正解です。

ただ、私が言いたかったことは、それだけではありませんので、その意味では不正解と言えます。私は、わざわざ、営業の仕事をされる方々の未来に、暗い影を落としたかったのではありません。私自身、同じように、物を売る仕事をしていたので、苦労も知っておりますし、営業に携わるすべての方々は、同志という思いもあります。今の時代、物を売ることは、それだけ難しいからです。


そこで、私が提案したいのは、繰り返しになりますが、ぜひとも今の販売形式を、ネットワークビジネスに切り替えていただきたい、ということです。もちろん、商材や会社の事情などもあり、全ての企業が切り替えられるとは思いませんが、可能であれば、切り替えていただきたいのです。そうしなければ、機械化やコンピューター化が進むにつれ、ジリ貧になっていくからです。

私が、全ての営業職の方々、営業を必要とする企業に、

「ネットワークビジネスの導入を検討していただきたい」

と訴えるのは、私から、営業に携わる皆さんへの、エールでもあります。苦労を知っているだけに、共に苦境を乗り切っていきたいのです。

5、既存の業界だけに留めるのが惜しい秀逸なビジネスモデル

世の中には、さまざまなビジネスモデルがあり、中には「20世紀の大発明」と、称されるモデルもあります。

私は、ネットワークビジネスも、いや、ネットワークビジネスこそ、これに、十分当てはまる、ビジネスモデルだと考えています。

先ほど、「このビジネスには、日本の景気を回復させる力がある」と、お話ししましたが、実は景気だけでなく、今の日本が直面している、さまざまな問題を解決する力があるからです。

医療費の高騰、高齢者の増加と働き口の不足、従来型の企業体質の行き詰まり、真の意味での女性の社会進出、若者の将来不安、物が売れない時代の突破口、新しい時代の新しい働き方の模索など、課題は数多くありますが、それら全てを解決するだけの力が、このビジネスにはあるのです。

なぜならこのビジネスは、「主宰企業」「ディストリビューター」「愛用者」の三方が、互いにｗｉｎｗｉｎの関係になれるビジネスだからです。

・若い世代から高齢者まで多くの世代が関われ、女性も存分に能力を活かせる
・ノルマや会社のしがらみもなく、人と人が助け合う強い組織力を持つ
・自分が使用し納得した商品を相手にすすめ、すすめられた友人が愛用者となる
・誰でも始めることができ、誰でも夢を達成することができる
・主宰企業にとって、少負担で新たな顧客が獲得でき、その顧客がリピーターとなる
・業界の発展が高齢者問題、雇用問題、景気低迷など、社会が抱える問題を解決させる

このようなビジネス、他にはありません。部分的に解決できるビジネスはあっても、全てを解決できるのは、ネットワークビジネスだけです。

なお、この章は最後の章ですので、経営者の方々には改めて、

「どうしたら自社の商品やサービスを優位に売ることができるか」
「どうしたら業績を回復させることができるのか」

を、「今」という時代をふまえて、考えていただきたいと思います。

今や、販促一辺倒の時代も、終焉を迎えようとしています。従来の販促方法では費用対効果も薄く、先の読めない現代にあって、地味でも、着実にネットワークを広げていく方法は、見直されています。

何度かお話ししましたが、私がすすめるビジネスの展開方法は、じっくりと腰を据える方法なので、しばらくは結果が見えにくいかもしれません。しかし、桜の木の例えのように、開花すると、一気に花が咲きます。それも一箇所だけでなく、それぞれの枝から、多くの花が咲くのです。まさに、ネットワークビジネスの組織そのものです。

いずれにせよ、先の読めない現代では、こうした長期戦略は大事だと思います。冒頭でもお話ししましたが、私がこの本を書こうと思ったのは、今までこの業界に縁が無かった方々にこそ、このビジネスを知っていただき、参入して欲しいと考えたからです。

- **ネットワークビジネスを、この業界だけで埋もらせてしまうのはもったいない**
- **この、ビジネスモデルの可能性を広く一般に広めたい**

という強い考えが、私を本の出版へと駆り立てたのです。

このビジネスは、立ち上げるのは簡単ですが、一番大切なのは、その後です。

「立ち上げた後、きちんと発展させていく」

ことが重要であり、これができずに、撤退していく会社も多いのです。

現在、立ち上げるための、サポート会社は存在します。しかし、立ち上げた後の、企業としての在り方全てを形態だてて、コンサルティングしている会社は少ないのが現状です。

私ども、日本ネットワークビジネス推進機構株式会社は、全てをサポートしています。

この段階で、まだ、迷っていらっしゃる方も多いと思いますが、ここは、一歩、踏み出していただきたいと思います。そのためのお手伝いを、私がさせていただきます。

最後になりますが、この業界の悪いイメージが払拭され、多くの企業、そして個人が、このビジネスで成功されることを心から願い、筆を置かせていただきます。

著者　土井かおる（どいかおる）

正統派ネットワークビジネス専門のコンサルタント。

19才から化粧品販売（紹介販売）を始め、20才で最年少トップタイトルを獲得。同時にサロンを開設し、わずか3年で顧客数5千人を作るという偉業を達成する。

27才で自らの会社を設立。オリジナルのダイエットサプリ、化粧品、ヘアケア商品…等を開発し、販売を始める。その後、営業と販売に特化したコンサルタントとして、美容関係はもちろんのこと、飲食業等様々な業種39社のクライアントを指導、90％のクライアントが、前年対比120％達成など、大きな成果を上げる。

ネットワークビジネス企業の教育トレーナーとしても年間100回以上登壇し、スポンサリング率を前年対比200％に伸ばすなど、ディストリビューター向けのまっとうな教育、指導でも絶大なる実績をあげる。

２０１５年、これまでに培ってきた「ディストリビューター販売方式」の導入方法や、「ネットワークビジネスの主宰企業になる方法」などを専門に指導するコンサルティング機関、「日本ネットワークビジネス推進機構株式会社」を設立。現在、同社代表取締役。

http://www.jnbp.jp/

小社 エベレスト出版について

「一冊の本から、世の中を変える」―― 当社は、鋭く専門性に富んだビジネス書を、世に発信するために設立されました。当社が発行する書籍は、非常に粗削りかもしれません。熟成度や完成度で言えばまだまだ低いかもしれません。しかし、

・リーダー層に対して「強いメッセージ性」があるもの
・著者の独自性、著者自身が生み出した特徴があること
・世の中を良く変える、考えや発想、アイデアがあること

を基本方針として掲げて、そこにこだわった出版を目指します。

あくまでも、リーダー層、経営者層にとって響く一冊。その一冊から経営が変わるかもしれない一冊。著者とリーダー層の新しい結び付きのきっかけのために、当社は全力で書籍の発行をいたします。

正統派ネットワークビジネス本部の築き方

ディストリビューターが本当に成功するための具体戦略

定価：本体1、800円（税別）

2019年9月14日　初版発行
2019年10月22日　再版発行

著　者　土井かおる（どい　かおる）

発行人　神野啓子
発行所　株式会社　エベレスト出版
〒101-0052
東京都千代田区神田小川町1-8-3-3F
TEL　03-5771-8285
FAX　03-6869-9575
http://www.ebpc.jp

発　売　株式会社　星雲社
〒112-0005
東京都文京区水道1-3-30
TEL　03-3868-3275

印　刷　株式会社 精興社　　装　丁　MIKAN-DESIGN
製　本　株式会社 精興社　　本　文　北越紀州製紙

ISBN 978-4-434-26618-8